RESTAURATION

DE LA

SCIENCE POLITIQUE

OU

THÉORIE DE L'ÉTAT SOCIAL NATUREL

OPPOSÉE A LA FICTION D'UN ÉTAT CIVIL FACTICE

PAR CHARLES-LOUIS DE HALLER
ANCIEN MEMBRE DU CONSEIL SOUVERAIN ET DU CONSEIL SECRET DE BERNE,
CHEVALIER DE L'ORDRE ROYAL DE LA LÉGION D'HONNEUR
ET DE CELUI DE CHARLES III D'ESPAGNE, ETC.

Ouvrage traduit de l'allemand par l'auteur sur la seconde édition.

TOME SIXIÈME

DEUXIÈME PARTIE

DES RÉPUBLIQUES OU DES COMMUNAUTÉS INDÉPENDANTES

> Fallitur, egregio quisquis sub principe credit
> Servitium; nunquam libertas gratior exstat,
> Quam sub rege pio........
>
> CLAUDIAN.

PARIS
LIBRAIRIE ÉMILE VATON, ÉDITEUR
77, BOULEVARD SAINT-GERMAIN, 77

1875

RESTAURATION

DE LA

SCIENCE POLITIQUE

OU

THÉORIE DE L'ÉTAT SOCIAL NATUREL

Paris. — E. DE SOYE et FILS, imprimeurs, place du Panthéon, 5.

RESTAURATION

DE LA

SCIENCE POLITIQUE

OU

THÉORIE DE L'ÉTAT SOCIAL NATUREL

OPPOSÉE A LA FICTION D'UN ÉTAT CIVIL FACTICE

PAR CHARLES-LOUIS DE HALLER

ANCIEN MEMBRE DU CONSEIL SOUVERAIN ET DU CONSEIL SECRET DE BERNE,
CHEVALIER DE L'ORDRE ROYAL DE LA LÉGION D'HONNEUR
ET DE CELUI DE CHARLES III D'ESPAGNE, ETC.

Ouvrage traduit de l'allemand par l'auteur sur la seconde édition.

TOME SIXIÈME

DEUXIÈME PARTIE

DES RÉPUBLIQUES OU DES COMMUNAUTÉS INDÉPENDANTES

Fallitur, egregio quisquis sub principe credit
Servitium; nunquam libertas gratior exstat,
Quam sub rege pio........

CLAUDIAN.

PARIS
LIBRAIRIE ÉMILE VATON, ÉDITEUR
77, BOULEVARD SAINT-GERMAIN, 77

1875

TABLE DES MATIÈRES

I. Le but des républiques consiste dans la jouissance de l'avantage commun que leurs membres espèrent atteindre par leur union ; il dépend de leur volonté et ne peut pas être déterminé par une théorie générale.

II. Toutefois ce but n'est ni l'établissement, ni le maintien de la justice ou des droits individuels, attendu qu'à cet effet une association spéciale n'est nullement nécessaire.

III. Les fins ordinaires des ligues et des communautés sont :

a. La sûreté contre les ennemis extérieurs ;

b. Une existence plus facile et plus commode ;

c. La liberté du commerce et des entreprises commerciales ;

d. L'acquisition et l'administration de propriétés communes ;

e. La propagation d'une doctrine, le progrès des sciences et des arts, l'accomplissement de certains vœux.

IV. Selon les circonstances, les moyens plus ou moins favorables, quelques communautés parviennent à une liberté complète, et d'autres restent dans leur ancienne relation de dépendance. L'indépendance acquise ne change pas le but des républiques ; elle ne fait qu'en faciliter l'accomplissement.

I. Les communautés ne jouissent presque jamais d'une indépendance primitive, parce que ce sont les hommes faibles qui se réunissent en compagnies, et parce qu'elles possèdent peu de moyens de parvenir à une grande puissance.

II. Pour l'ordinaire, leur pleine liberté s'acquiert graduellement :

a. Par des donations et des priviléges reçus de leurs seigneurs primitifs ;

RESTAURATION

DE LA

SCIENCE POLITIQUE

OU

THÉORIE DE L'ÉTAT SOCIAL NATUREL

DEUXIÈME PARTIE

DES RÉPUBLIQUES
OU DES COMMUNAUTÉS INDÉPENDANTES

CHAPITRE PREMIER

NOTION OU DÉFINITION DES RÉPUBLIQUES

Jusqu'ici nous avons développé la première partie de la science politique, c'est-à-dire la théorie des seigneuries individuelles et indépendantes ou des principautés et des monarchies.

Suivant la nature différente de la puissance sur laquelle s'est fondée primitivement leur autorité, nous avons divisé ces Etats en Etats territoriaux, militaires et ecclésiastiques. Puis, toujours éclairés par la lumière de l'histoire universelle et par les enseignements des sages, nous avons montré le mode de leur origine, ainsi que la nature des droits et des devoirs réciproques qu'ils enfantent parmi les hommes. Puis enfin, considérant ces deux dernières sortes d'Etats, les Etats militaires et les Etats ecclésiastiques, nous avons remarqué qu'ils se transforment nécessairement en Etats territoriaux ; et nous avons signalé les modifications qu'ils subissent, dans cette transformation, en prenant pour ainsi dire une double nature.

Maintenant, pour remplir entièrement le plan que nous nous sommes tracé dans la science politique, nous devons parler des communautés indépendantes, des républiques.

Dès le commencement de cet ouvrage, dans l'introduction déjà, il a été démontré que ce n'est point l'autorité plus ou moins grande sur d'autres hommes, mais la pleine liberté et la parfaite indépendance de la personne régnante, qui distingue les Etats politiques des autres institutions sociales. Et comme il ne peut exister que des individus ou des corporations libres, des personnes physiques ou morales, c'est-à-dire collectives, il s'ensuit que tout Etat est nécessairement monarchique ou républicain (1).

Car de même qu'un homme libre peut, au moyen

---

(1) Vol. I, chap. xx.

d'une puissance relativement prépondérante, se trouver dans une condition d'indépendance complète ou s'élever à cette haute position, de même une pareille indépendance peut être acquise par une association, par une ligue composée d'un certain nombre d'hommes qui, sans dépendre les uns des autres, unissent leurs forces pour atteindre une fin commune. Or ces sortes de communautés indépendantes, qui ne reconnaissent plus de supérieur humain, portent en termes de jurisprudence le nom de *républiques.*

Dans un sens moins étendu, toute autre association ou corporation est à la vérité une sorte de république, c'est-à-dire, selon le sens étymologique du mot, une *res publica*, une chose publique, par opposition à la chose privée, qui n'appartient pas à plusieurs, mais qui est la propriété d'un seul.

Il existe dans le monde un grand nombre de communautés : des villes, des bourgades, des tribus d'artisans, des maîtrises et des jurandes ; des ordres ecclésiastiques et séculiers, des sociétés de commerce, des académies ou réunions de savants, des congrégations et des confréries de toute espèce, dont les fins varient à l'infini. Toutes ces sociétés consistent dans une réunion d'hommes égaux en droits, jouissant des même avantages et soumis aux mêmes charges. Toutes ont une *chose publique*, administrée d'après une constitution positive ; elles possèdent des biens et des revenus en commun, suivent des lois et des statuts communs, et poursuivent un but commun.

Comme personnes collectives, elles exercent, tant sur leurs propres membres que sur d'autres hommes habitant leurs domaines, et par conséquent dépendants d'elles ou engagés envers elles à certains services, une autorité plus ou moins étendue. Cependant ce n'est qu'au moment où, par le concours d'heureuses circonstances, elles deviennent libres de toute dépendance, qu'elles passent au nombre des Etats et reçoivent le nom de *républiques* (1).

---

(1) Les anciens s'exprimaient sur cette matière beaucoup plus exactement que les modernes. En Suisse, par exemple, nos illustres ancêtres ne parlaient ni de république, ni moins encore d'aristocratie ou de démocratie; ils disaient tout simplement, avec une rare *précision* (pour désigner leur état politique), *villes* ou *pays libres;* c'est-à-dire communes urbaines libres ou communes rurales libres.

Les mots grecs et latins qu'on lisait tout à l'heure, nous vinrent cachés dans des livres étrangers; mais jamais ils n'ont été introduits dans le style de nos chancelleries; ayant pris cours dans le public, ils produisent, par la perturbation des idées, les effets les plus funestes.

Quelques chancelleries suisses employèrent pour la première fois, vers le milieu du dix-huitième siècle, le terme de *république*, mais seulement dans les correspondances diplomatiques avec l'étranger, et toujours en l'accompagnant du mot *ville*, pour indiquer que la ville elle-même était indépendante et souveraine. Cette vanité fut par la suite sévèrement

Les républiques sont donc des communautés libres ou des sociétés indépendantes; et puisque leur indépendance, comme celle des seigneuries individuelles, vient de leurs possessions territoriales et de leur puissance, on peut, pour en donner une définition réelle, les appeler des communautés riches et puissantes, qui ne sont soumises à personne : *sodalitia nemini obnoxia.* Car l'unique caractère qui les distingue des sociétés privées, c'est la liberté complète ou la pleine indépendance.

Les auteurs de l'antiquité se rapprochaient de cette idée, bien qu'ils ne l'aient jamais exprimée d'une manière nette et précise. Ils appelaient les républiques « des cités libres, » *civitates liberæ;* et l'on ne voit nulle part qu'ils les aient confondues avec les monar-

punie. Par les mots ville et république; ainsi mis l'un à côté de l'autre, on favorisait la croyance erronée que le dernier de ces mots exprimait non une qualité ou une dignité de la ville, mais une chose toute différente et séparée d'elle; en sorte que bientôt on n'envisagea la ville souveraine que comme une ville ordinaire, et son territoire ou l'ensemble de ses sujets, comme formant la république. Ces idées fausses et absurdes ont même envahi des têtes qui auraient dû être personnellement les plus intéressées à la défense des droits et des propriétés des villes libres de la Suisse, et elles ont bien plus puissamment contribué à leur humiliation, à leur spoliation et à leur asservissement que l'on ne saurait l'imaginer. Ah! combien il est important en matière politique de se servir du langage exact et précis!

chies ou leur avait comme les modernes attribué la même nature. Thucydide donne à la cité vraie, *quæ vera civitas sit*, les qualificatifs de αυτοδικον et de αυτοτελη c'est-à-dire qui a ses propres lois, ses propres tribunaux et ses propres magistrats (1). Aristote pose trois pouvoirs principaux qui, selon lui, forment l'essence de la république, savoir : le droit de délibérer sur ses propres affaires, de choisir ses propres magistrats et d'exercer sa propre juridiction (2).

Tout cela n'est pas rigoureusement exact ; toutes ces définitions tournent autour du principe sans le circonscrire catégoriquement.

Sans doute, les pouvoirs qu'on vient de mentionner se trouvent dans la république ; mais ils n'en forment pas tout l'apanage ; mais ils n'en tracent pas non plus le caractère essentiel et caractéristique. Dans les seigneuries collectives comme dans les seigneuries individuelles, il n'y a pas un seul droit dit de souveraineté qui, en petit, ne puisse être exercé et ne soit exercé réellement par les communautés privées, aussi bien que par les républiques.

(1) L. V, chap. XVIII.

(2) L. IV, *politique*, chap. XIV. — Denis d'Halicarnasse assigne à la république les conditions suivantes : le droit d'élire sa magistrature, de faire et d'abroger les lois, de décider la paix et la guerre, et d'exercer la juridiction. Lib. VII, chap. XXXVI.

Dans tous les temps et dans tous les pays, l'on a vu et l'on voit encore des villes, des ordres et d'autres sociétés privilégiées, qui ont de droit et de fait leurs propres lois, leurs propres tribunaux, leurs propres magistrats ou officiers, et qui, cependant, ne sont pas comptées et ne prétendent pas même à être comptées parmi les Etats.

Autrefois comme aujourd'hui, toutes ces corporations délibéraient sur leurs affaires et les administraient librement; quelques-unes même avaient le droit de faire la guerre et la paix et de conclure des alliances, si bien qu'elles exerçaient ces droits sans aucune contestation (1). Mais tant qu'elles se trouvaient encore, en quoi que ce fût, tenues à certains services envers un maître, tant qu'elles n'avaient pas manifesté leur indépendance par des actions d'éclat ou qu'elles n'avaient pas été publiquement et universellement reconnues, on ne les réputait que pour de simples communautés, ou tout au plus pour des corporations privilégiées.

Considérez, au contraire, toutes les républiques qui ont existé dans le monde : les villes de la Grèce et de l'Asie-Mineure; Rome et Carthage; les cités d'Italie au moyen âge, particulièrement Gènes et Venise; les

(1) Voyez vol. II, chap. XXVIII et XXIX.

villes et les pays de la Confédération suisse; l'Ordre de Malte; les États des Pays-Bas; les anciennes colonies anglaises en Amérique, et même les républiques factices et éphémères de nos jours: vous verrez partout notre définition, fondée sur la nature des choses, se produire au grand jour et se vérifier par l'expérience universelle.

En dernière analyse, que voyons-nous dans toutes ces républiques? Des corporations larges ou restreintes, composées de membres égaux; des sociétés qui se distinguaient des simples communautés, uniquement en ce qu'elles avaient eu dès le commencement ou conquis plus tard l'indépendance absolue. Déjà la plupart étaient riches et puissantes; plusieurs avaient déjà des domaines plus ou moins étendus, longtemps avant d'avoir pu s'élever à la liberté complète; et leur soumission, leur assujettissement, leur réduction à l'état de dépendance, pour ainsi dire, a suffi pour les effacer du nombre des Etats et pour leur enlever le nom de *république*, bien qu'elles aient pu d'ailleurs prolonger leur existence comme communautés privées.

CHAPITRE II

ORIGINE DES COMMUNAUTÉS ET DES RÉPUBLIQUES.

La nature ne produit elle-même que des individus et des familles; mais elle ne produit point de corporations.

Dès qu'un individu, par la possession de propriétés territoriales et par des circonstances favorables, est assez puissant ou assez heureux pour ne dépendre lui-même de personne, il devient par cela même un prince. De là vient que les principautés souveraines ou les monarchies ont été et ont nécessairement dû être les premiers, les plus anciens, les plus naturels et les plus nombreux de tous les Etats.

Les communautés, au contraire, ne se forment que par des institutions volontaires, et il faut déjà le concours de circonstances spéciales pour pousser les hommes à s'engager dans un lien de cette nature, bien plus propre à resserrer qu'à élargir la liberté individuelle. Leur fondation est déjà par elle-même très-difficile; leur durée et l'acquisition de leur indépendance l'est bien plus encore, et c'est par cette raison, que les républiques apparaissent si tard et en si petit nombre dans l'histoire. Les hommes n'inclinent nullement par eux-mêmes aux relations communales, ni même à des possessions communes ; car ils sentent que dans cette situation, nul n'est parfaitement libre, nul n'est maître de son bien, et personne n'aime des compagnons co-partageants de sa puissance (1).

La communauté est bien plutôt la mère des disputes et des querelles, attendu que deux volontés en possession d'un droit égal sur le même objet, peuvent difficilement subsister ensemble. Nul homme sur la terre n'aime se soumettre à des égaux dont il peut se passer ; et les trop fréquentes concessions exigées pour des choses dont on est le copropriétaire, finissent par être onéreuses, même à l'homme le plus pacifique. C'est ainsi que, pour maintenir la paix, Abraham demanda la division des pâturages qu'il possédait avec Loth son neveu (2). Les nombreux enfants d'un même père qui, égaux en droit, pourraient garder son héritage en commun et former ensemble une corporation, aiment bien mieux en opérer le partage, afin que chacun d'eux soit maître de ce qui lui appartient et puisse en disposer à son gré.

---

(1) Omnisque potestas impatiens consortis erit.
(2) I. L. Moïse, chap. XIII.

On voit, il est vrai, se former des compagnies commerciales, afin de réaliser par la réunion de leurs moyens, de plus amples bénéfices; mais du moment que l'un ou l'autre de leurs membres a acquis assez de fortune ou assez de crédit pour agir à l'aide de ses propres ressources, ces sociétés ne tardent pas à se dissoudre.

Ainsi donc, les associations, les communautés et les compagnies naissent par la réunion de forces égales, pour la satisfaction d'un besoin commun. Il ne faut pas, à la vérité, entendre, sous cette égalité des forces, une égalité absolue, qui n'existe pas dans la nature; il suffit qu'aucun ne soit au service de l'autre ou ne dépende de lui. De même que la puissance d'une part et le besoin de l'autre, ou si l'on veut, l'inégalité des moyens et des besoins engendrent les rapports de domination et de services (1), de même aussi, des forces égales et des besoins égaux sont le principe générateur de toute alliance et de toute communauté. Mais dans ce cas même, leur fondation offre encore bien des difficultés. Il est en effet très-rare qu'elles se forment d'elles-mêmes, par une association spontanée et sans l'impulsion de quelque puissance supérieure; car comment la même pensée viendrait-elle à la fois à un si grand nombre

(1) Vol. I, chap. XIII : De l'origine de toute domination.

d'hommes ? D'où leur viendrait un motif assez puissant pour les déterminer tous à la fois à se réunir en une pareille société ?

Aussi, l'histoire nous apprend que les communautés sont ordinairement fondées par quelque seigneur préexistant, et qui possède assez de moyens pour réunir les individus épars, en leur offrant des avantages, des droits et certains pouvoirs communs susceptibles de s'accroître et de s'étendre dans la suite.

C'est de cette manière que se sont formées, par exemple, toutes les communes rurales. Un propriétaire, ecclésiastique ou séculier, s'établit quelque part et, voulant défricher le pays, attira à son service des hommes chargés de la culture de ses biens. Ceux-ci se fixèrent sur ses terres, les uns près des autres. Ils étaient égaux en ce sens que nul d'eux ne dépendait de l'autre. Cependant il n'existait pas encore de communauté.

Mais bientôt des besoins communs se firent sentir, besoins auxquels aucun de ces colons ne pouvait pourvoir à lui seul, ni n'était tenu de le faire par ses propres moyens. Ainsi, par exemple, il fallait creuser un puits, tracer des routes et des chemins vicinaux, construire des digues et des ponts, et pourvoir à la construction ou à l'entretien d'une église. Ou bien l'on avait concédé à ces colons des possessions communes : par exemple des forêts, afin de pourvoir à leur chauffage, ou des pâturages pour la nourriture de leurs bestiaux.

Dès lors il devenait nécessaire de commettre quelqu'un à la direction de ces travaux et à l'administration de ces biens, ainsi qu'à la jouissance régulière de leurs produits. De cette manière la communauté fut constituée par l'effet des dons de son bienfaiteur. C'était une association d'usufruitiers égaux, partageant les mêmes bénéfices et les mêmes charges.

Plus tard, l'on a pu accorder à cette communauté des libertés ou des immunités plus ou moins étendues, telles que le droit de se choisir ses préposés, de se donner des statuts communaux, de juger les contestations de moindre importance survenues entre ses membres, etc.

Les cités de l'ancienne Grèce n'ont pas eu d'autre origine. Elles avaient été primitivement fondées par des rois qui, en édifiant les villes, réunirent en une corporation les chefs de familles et d'autres colons, les divisèrent en classes et leur accordèrent différents priviléges. Dans la suite, ces communautés commencèrent à sentir leurs forces; leur puissance grandissait avec l'accroissement des richesses; elles pouvaient, de fait, se passer de maîtres. Alors, elles conquirent leur affranchissement par la force des armes, ou bien la race de leurs princes venant à s'éteindre, les cités se trouvèrent par ce fait même en pleine possession de l'indépendance. Ce dernier cas arriva aussi à Carthage. La reine Didon, autour de laquelle, outre ses compagnons primitifs, beaucoup d'autres gens s'étaient réunis, avait construit la ville ; et formé sa bourgeoisie en lui octroyant vraisemblablement des propriétés et des libertés ; et lorsqu'elle mourut sans descendance, cette bourgeoisie se trouva maîtresse d'elle-même, c'est-à-dire indépendante.

Romulus avait en réalité, quoique sans intention, posé lui-même les fondements de la *république romaine*, en divisant le peuple en classes et en tribus, et surtout en instituant une corporation de cent sénateurs, qu'il consultait sur différentes affaires. Cette corporation grandit peu à peu pendant deux siècles et demi en considération et en puissance, si bien que pour devenir souveraine, elle n'eut plus qu'à se défaire de ses rois, révolution qui s'effectua sous les Tarquins et dont l'ambition des sénateurs était le véritable motif, tandis que l'outrage fait à Lucrèce dut servir de prétexte.

Les villes libres de l'Italie, de l'Allemagne et de la Suisse eurent une origine semblable. Des empereurs, des rois et d'autres princes construisirent ces villes, ou plutôt ces bourgades entourées de murailles et de fossés, soit pour se procurer des places de sûreté contre les incursions des Normands et des Hongrois, soit dans le but d'opposer un contrepoids à la haute noblesse territoriale, qui de toute part tendait à l'indépendance; soit enfin dans l'intention de favoriser le développement du commerce et de l'industrie, d'augmenter le produit des péages, et de s'enrichir eux-mêmes par les dons gratuits qu'ils attendaient de ces cités. Une magistrature tirée de leur milieu fut préposée à ces villes par leur seigneur naturel, pour l'expédition des affaires communales, et par là la communauté se trouvait accomplie. Bientôt elles en obtinrent des libertés et des priviléges plus étendus, et même des possessions territoriales et autres biens communaux.

Dans la suite des temps, quelques-unes de ces communautés parvinrent successivement à une puissance si grande, qu'elles s'élevèrent jusqu'à la parfaite indépendance, tandis que d'autres, privées du véritable esprit public, ou bien faute de moyens et d'occasions favorables, demeurèrent dans leur ancienne dépendance.

Il faut dire la même chose des communautés ecclésiastiques. Fondées par des papes, par des évêques ou par des seigneurs séculiers, elles en reçurent des statuts, des domaines et des priviléges. Beaucoup de ces sociétés acquirent, par la suite, des biens et des possessions considérables, de grandes immunités et d'importants priviléges; mais un petit nombre d'entre elles parvinrent à la parfaite indépendance, de manière à pouvoir être comptées au nombre des Etats.

Il est infiniment plus rare que les communautés surgissent pour ainsi dire d'elles-mêmes. Cependant ce fait peut se produire dans de certaines circonstances : par exemple lorsque des hommes indépendants les uns des autres, mais réunis ou agglomérés dans un même lieu par des accidents, et par la force des choses, se trouvent, à raison de leurs besoins communs, obligés de pourvoir à des travaux et à des établissements également communs.

C'est ainsi qu'à l'époque de l'invasion de l'Italie par Attila en 452, la ville et république de Venise fut fondée par de nobles Italiens fugitifs, qui cherchèrent un asile assuré dans les îles septentrionales de la mer Adriatique. Ces hommes n'obéissaient point à un chef, car dans ce cas il en serait résulté une principauté. Originairement isolés et dispersés, la nécessité les rassembla et les rendit tous égaux.

Mais cette nécessité même créa des besoins communs et forma tout naturellement une communauté. L'heureuse situation de ces îles, alors inhabitées et inabordables, les mit à l'abri des invasions étrangères. C'est pourquoi Venise fut du petit nombre des républiques qui jouirent d'une indépendance ou du moins d'un haut degré de liberté primitive.

C'est de la même manière qu'environ neuf siècles auparavant, la ville de Marseille fut fondée par des émigrants ioniens, qui, à l'époque des conquêtes du grand Cyrus, s'étaient enfuis de l'Asie-Mineure.

Selon la tradition conservée dans les chants populaires, la communauté dite *Landsgemeinde*, de Schwytz, aurait eu une semblable origine. Une colonie de Suédois fugitifs, dont le chef mourut probablement sans postérité, s'établit dans ces vallons alors inhabités; elle se réunit en communauté par la prise de possession et par la jouissance commune d'alpes et de pâturages alors encore sans maîtres. C'est sans doute à raison de son origine que cette communauté se vante également d'une primitive indépendance. Plus tard ces pâtres sollicitèrent la douce protection de l'empire germanique, qui laissait à chacun la jouissance de ses droits, et lorsque l'empire ne pouvait plus les protéger, ils se défendaient eux-mêmes, ou bien ils recherchaient autour d'eux quelque autre protecteur. Favorisés par la situation de leur pays, intelligents et braves, ils surent maintenir leurs droits et finirent par fonder la Ligue suisse, à l'aide de laquelle cette commune, jusque-là presque inconnue, s'éleva au rang d'un Etat indépendant.

Finalement, on peut compter encore un autre genre de communautés au nombre de celles qui se sont fondées d'elles-mêmes. Ce sont les seigneuries indivises des Bacchiades, à Corinthe, et quelques maisons princières d'Allemagne, où plusieurs fils d'un même père possédaient et gouvernaient *en commun* les terres de leur père défunt. Toutefois ces sortes d'associations n'ont jamais eu qu'une courte durée.

Le troisième mode suivant lequel des communautés ou des corporations peuvent être instituées, c'est lorsqu'un particulier, trop faible pour atteindre par lui-même quelque but important, s'attache un certain nombre d'associés ou alliés, à droits égaux, auxquels il assure une part aux mêmes avantages, à condition qu'ils supportent les mêmes charges. C'est de cette manière que, dans le cours ordinaire de la vie, on voit se former toutes les *associations scientifiques*, *littéraires* ou *artistiques*; les sociétés de *commerce*, les *corporations de famille*. Les *tribus* et *maîtrises d'artisans* ne se sont, très-probablement, pas autrement constituées. C'était là aussi l'origine de plusieurs *ordres ecclésiastiques* ou *séculiers*, des alliances de seigneurs et des confédérations de communautés déjà existantes, alliances souvent transitoires, mais qui peuvent devenir permanentes par l'acquisition de possessions territoriales communes.

En résumé les communautés, petites ou grandes, sont la réunion d'un certain nombre d'hommes pour atteindre une fin déterminée. Appelées par le désir de satisfaire un besoin commun, elles ont pour principe et pour base le libre consentement de leurs membres, et ne peuvent se former ni s'affermir par la force. Les républiques philosophiques et révolutionnaires de nos jours ne doivent donc pas figurer dans cette biographie politique. Pourquoi?

Parce qu'elles vont, dans leur origine, directement à l'encontre des véritables communautés : elles naissent, non de la liberté, mais de la force; non par le consentement de leurs membres, mais par la violence d'une faction qui s'est élevée au pouvoir sur des ruines. Sans base naturelle ni point d'arrêt, elles cèdent à la première impulsion, comme on l'a vu dans ces derniers temps, ou pour rentrer dans l'obéissance sous l'autorité tutélaire de leur ancien roi légitime, ou pour glisser dans le despotisme sous le sabre d'un aventurier usurpateur.

CHAPITRE III

DU BUT DES RÉPUBLIQUES.

Toute société poursuit un avantage commun ; car aucun autre motif ne saurait déterminer ni ne déterminera jamais les hommes à se jeter dans les liens sociaux qui les étreignent de toutes parts ; à contracter des devoirs aussi nombreux et variés qu'ils sont sévères et pénibles ; à renoncer à la liberté pour se donner un maître dans la majorité de leurs égaux.

Donc, un avantage commun, ou si l'on veut la satisfaction d'un besoin, voilà le but des communautés et des républiques. Mais quels sont ces avantages? Ils sont divers, ils sont multiples ; et l'on ne peut les circonscrire dans une idée unique, sous un point de vue général, ni les établir théoriquement *a priori*, car autant il en existe que l'on peut atteindre par la réunion des forces humaines, autant l'on peut concevoir de fins légitimes et possibles de la fondation des républiques ; et lors même que plusieurs de ces fins viendraient à être réunies, l'une ou l'autre sera toujours la fin primitive et prédominante.

Or la fin des sociétés républicaines ne saurait être, pas plus que celle des monarchies, l'établissement ou le maintien de la justice entre leurs membres. Nous avons déjà montré à plusieurs reprises combien cette idée, émise par les partisans de la doctrine du *Contrat social*, est fausse et dénuée de tout fondement. La justice elle-même n'a point été établie par les hommes : elle est une loi de Dieu, que chacun est obligé d'observer indépendamment de tout pacte. Nous avons vu que les moyens de la faire respecter, tels que la police, des lois positives, des sentences et des peines judiciaires, peuvent exister et existent dans chaque lien social, sans qu'il ait été fondé à cette fin. Partout et toujours, le droit et le devoir de maintenir la justice incombent à ceux qui en ont le pouvoir. Si donc, dans les relations seigneuriales, le prince est le souverain dispensateur de la justice, cette fonction sera, dans les communautés, exercée par les préposés de la commune, qui y jouissent d'une puissance judiciaire, sans que ni l'un ni les autres aient été spécialement autorisés pour cela.

La plupart des communautés postérieurement émancipées, n'avaient, à leur origine, pas même la pensée de se rendre indépendantes, c'est-à-dire de se former en Etat, ou en une république. Des besoins plus indispensables et de tout autre nature les obligèrent à réunir leurs forces. Sans doute la *sûreté* a été le motif ou le but de beaucoup d'associations; mais ce n'était nullement la sûreté intérieure entre les confédérés eux-mêmes, qu'on avait en vue; c'était au contraire, la sûreté extérieure contre des ennemis étrangers. On se réunissait afin de résister à un tiers, dont il y avait des dangers à redouter. C'est ainsi qu'au moyen âge, une multitude de bourgeoisies se sont formées dans les villes, c'est-à-dire dans des lieux entourés de fossés et de murailles, afin de se mettre en défense, soit contre des hordes étrangères, soit contre les oppressions des puissants seigneurs de cette époque.

Selon les récits les plus accrédités, ce fut une pareille cause qui fit naître la première ligue suisse, entre les trois pays d'empire Uri, Schwytz et Unterwalden, contre les tentatives de la maison d'Autriche qui voulait les médiatiser, c'est-à-dire les soumettre à son autorité directe. Le même motif créa la ligue des Etats néerlandais contre le roi Philippe II d'Espagne, ligue qui, devenue indépendante, s'appela la république des Pays-Bas unis. De même aussi, la ligue des treize colonies de l'Amérique septentrionale fut formée en vue de faire abroger les taxes arbitrairement introduites chez elles par le parlement anglais. Dans tous ces cas, il s'agissait de la défense commune contre un pouvoir illégitime ou du moins réputé tel dans le mode de son exercice. Un second motif qui engage les hommes à se réunir en sociétés proprement dites, c'est de se procurer dans une plus grande mesure la subsistance et les agréments de la vie. A l'époque déjà rappelée, dans le moyen âge, on recherchait la bourgeoisie des villes, parce que le commerce y trouvait plus de profit, l'industrie plus de développement, les métiers plus de demandes, les bras plus d'ouvrage, les produits plus d'écoulement, le travail des prix plus rémunérateurs, l'assiduité et la spéculation des richesses plus faciles à conquérir. De nos jours encore, on se fait recevoir dans les sociétés, dans les corporations, dans les confréries dotées, là où les révolutionnaires ne les ont pas dépouillées, pour avoir part à leurs revenus. D'autres fois les individus réunissent leurs moyens pécuniaires dans le but d'obtenir des effets plus puissants : de là les sociétés d'exploitation, les associations industrielles, les compagnies d'assurance, les banques de change et de crédit.

C'est la même pensée, jointe au besoin de défense mutuelle, qui forma dans l'Allemagne du Nord la ligue des villes hanséatiques ; ligue devenue bientôt si puissante, qu'elle vainquit des ennemis redoutables dans des guerres heureuses, et qu'elle n'a été éclipsée que par l'accroissement des Etats voisins. A cet ordre de sociétés appartiennent plus spécialement les *compa-*

gnies des Indes-Orientales, en Hollande et en Angleterre, originairement composées de simples associations de quelques négociants.

Bientôt après leur origine, ces sociétés, pour donner plus d'étendue et de sûreté à leur commerce, armaient des vaisseaux de guerre, bâtissaient des forts et des comptoirs, faisaient la guerre aux princes indigènes, et négociaient avec eux des traités de paix ou d'alliance. Elles entretiennent aujourd'hui des armées de terre et de mer; elles établissent des autorités judiciaires et administratives; elles possèdent actuellement aux Indes-Orientales, un vaste empire habité par beaucoup de millions d'hommes, et exercent en un mot tous les droits et toutes les attributions de la puissance souveraine. Si ces deux puissantes compagnies ne sont pas comptées au nombre des républiques, c'est parcequ'elles résident, dans leurs membres, sur le territoire de deux grands monarques; parce qu'elles tiennent d'eux leurs priviléges révocables; parce qu'elles en reçoivent une protection puissante dans leur commerce; en un mot, parce qu'elles sont dépendantes sous plusieurs rapports (1).

(1) Autrefois, la compagnie hollandaise, si puissante dans les Indes-Orientales, était obligée de présenter à certaines époques ses comptes au gouvernement, de demander le renouvellement de ses priviléges et d'en payer la prorogation

D'autres corporations s'organisent dans un autre but, pour la gestion de leurs biens communs, provenant de longues épargnes, de contributions, de legs, de donations. Voyez les communes rurales : elles n'ont guère d'autre objet que d'administrer, de conserver, d'accroître et de distribuer ce qui fait leur patrimoine et leur fortune : les pâturages, les forêts, les maisons municipales, les fabriques paroissiales, les fonds des pauvres, les dotations scolaires (1).

Leurs préposés sont aussi chargés quelquefois de la police locale, de la basse juridiction, des intérêts pupillaires; mais ce sont là des tâches secondaires, qui rentrent dans la principale, comme moyens. Et d'où viennent les agrégations si remarquables formées dans les vallées des Alpes? Probablement sinon certainement, de la possession des hauts pâturages. Il faut encore attribuer une origine analogue à nombre de villes, d'associations privées, de corporations de familles : elles ont été réunies en faisceau par la copropriété, pour la gestion de leurs biens communs.

au prix de plusieurs millions. Ajoutons qu'elle ne pouvait tenir ses assemblées qu'en présence d'un commissaire des Etats généraux.

(1) Les libéraux révolutionnaires, après avoir mis sous tutelle les communes émancipées dans le moyen-âge, se sont emparés de l'administration de ces biens qui ne leur appartenaient pas.

Restent les communautés qui ont pour fin la propagation d'une doctrine, l'accomplissement d'un vœu, le progrès des sciences et des arts. Ces communautés sont d'abord les ordres ecclésiastiques et tout ensemble séculiers, parmi lesquels les chevaliers de Saint-Jean à Malte et les chevaliers teutoniques en Prusse jouirent longtemps de l'indépendance complète. Ensuite viennent beaucoup d'Ordres monastiques et de communautés religieuses, les académies des sciences et celles des arts, principalement les universités. Dans le principe, les universités étaient de véritables corporations de savants, dotées soit par les papes, soit par les rois, de propriétés considérables et même du droit de juridiction ; mais dans la suite des temps, d'autres furent fondées par des princes et dépendirent immédiatement de leur autorité. Sous la même idée-mère se rangeant aussi les jurandes et les maîtrises d'artisans, voire même les sectes et les sociétés secrètes. A la vérité, les sectes et les sociétés secrètes se rapprochent des monarchies par leur fondation et par leur administration ; mais leur but, qui est l'intérêt commun des membres, et leur principe formel qui est l'élection plus ou moins libre, les ramènent selon nous dans la classe des républiques.

Maintenant, si l'on reporte un coup d'œil général en arrière, on verra que les communautés peuvent, sur le modèle des seigneuries individuelles, se diviser aussi d'après leur but, en corporations territoriales, militaires et spirituelles. Souvent plusieurs fins seront réunies dans une même communauté. Ainsi, les ligues formées contre un ennemi commun poursuivent comme objectif non-seulement la sûreté et la liberté, mais encore la vie facile et commode par la liberté et la sûreté. Les sociétés commerciales, économiques et même spirituelles ont besoin du calme, de l'ordre et de la sécurité pour parvenir à leur terme. Toute communauté, quelle qu'en soit la nature, administre un bien quelconque, et déploie par conséquent une certaine autorité territoriale. Mais ici comme partout, la dénomination se prend du but primitif et prédominant pour lequel la société a été originairement formée, et auquel d'autres viennent se joindre postérieurement, comme moyens subsidiaires ou comme avantages accessoires.

De tout cela il résulte que, dans l'origine, aucune communauté ou association n'a eu pour but de se rendre indépendante, c'est-à-dire de s'élever au rang des Etats. On ne saurait donc tirer de l'existence des républiques un seul exemple, pour prouver la réalité ou seulement la possibilité d'un contrat social formé dans ce dessein. L'indépendance n'est qu'une puissance supérieure, une gloire, une haute fortune. Elle n'altère point le but primitif; mais elle en facilite l'accomplissement. Bien peu de corporations atteignent cette position éminente, qui d'ailleurs est pleine de dangers. La plupart d'entre elles demeurent, soit par faute de volonté, ou de moyens, ou de circonstances favorables, dans la condition de simples communautés privées. Elles ne sont souvent pas moins libres dans leur intérieur et, à raison même de leur obscurité, bien moins exposées à la malveillance et à des aggressions étrangères. Toutefois, il est très-possible qu'une corporation fondée pour une fin quelconque, parvienne dans la suite, par des moyens légitimes, à une pleine indépendance et prenne ainsi rang parmi les Etats souverains. C'est ce que nous montrerons dans le chapitre suivant.

CHAPITRE IV.

DES MOYENS QUI DONNENT L'INDÉPENDANCE AUX COMMUNAUTÉS.

De même que la plus haute fortune dans ce monde, indépendance, la liberté complète, la souveraineté, peut devenir l'apanage d'un individu, soit qu'il la conquière sans secours étranger, de lui-même, grâce à ses propres efforts ; soit qu'il l'obtienne par des pactes ou par des donations d'une main qui la possède ; soit qu'il la reçoive de circonstances favorables, comme la dissolution ou le relâchement d'un lien de dépendance antérieure, soit par le concours de tous ces moyens d'affranchissement : de même les communautés peuvent atteindre ce degré suprême de la vie sociale.

Les communautés, toutefois, parviennent plus difficilement que les seigneuries individuelles à l'indépendance. Un fait qui tout à la fois ressort de cette difficulté et la prouve, c'est que les républiques se trouvent inférieures en nombre aux monarchies. Ce ne sont pas les riches et les puissants, mais les pauvres et les faibles qui se forment en faisceau pour multiplier leurs forces et leurs ressources, si bien que les communautés ont presque toujours la faiblesse et la pauvreté pour berceau. Et quand elles ont atteint l'âge mûr, elles rencontrent encore bien des difficultés pour augmenter leurs biens et leur puissance. Elles n'ont, ceci est moins trivial qu'on ne pourrait le penser d'abord, elles n'ont ni parents, ni proches, ni frères, ni sœurs, ni alliances conjugales; d'où, pour elles, point de patrimoine, point de successions naturelles, point de dots matrimoniales. Ces moyens si faciles d'acquérir d'un seul coup de vastes domaines, leur sont refusés. Cependant, les communautés, faibles dans leur origine, peuvent se fortifier peu à peu, s'assurer des propriétés territoriales qui leur donnent les moyens de se suffire à elles-mêmes, de défendre leurs droits et de s'affranchir de toute obligation personnelle ou réelle; elles peuvent, comme nous l'avons dit plus haut, s'élever au rang des Etats souverains. Pour l'ordinaire, elles parviennent à l'indépendance graduellement, par plusieurs moyens.

D'abord *par des donations et par des priviléges reçus de leur seigneur primitif.* Car les communautés reçoivent quelquefois de leur fondateur, non-seulement des forêts, des pâturages et des domaines, mais encore des prérogatives et des priviléges précieux, tels que le droit de nommer elles-mêmes leurs préposés, de se donner des statuts, de rendre souverainement la justice en matière civile et criminelle, d'entourer leurs bourgades de murs et de fossés, de se défendre contre leurs ennemis par la force des armes, de faire la guerre sous la réserve de l'autorité et des intérêts de leur seigneur, enfin de former des alliances et de conclure des traités.

Lorsque le sol ne leur appartient pas en toute propriété, ne peuvent-elles pas racheter les rentes, les redevances, les charges qui les grèvent et qui forment souvent le dernier lien de leur dépendance ? Il n'est donc pas une république urbaine ou rurale, pas un ordre ecclésiastique ou laïque, pas une communauté religieuse ou monastique, qui n'ait reçu de son seigneur primitif, soit par l'effet de sa bienveillance, soit à prix d'argent, soit en échange d'autres services, des concessions, des remises et des immunités pareilles. Dans le moyen-âge, les républiques de la Lombardie acquirent successivement l'indépendance à l'aide des priviléges et des droits régaliens que l'empereur Barberousse leur accorda, en reconnaissant en même temps leurs franchises fondées sur la coutume, dans le traité de Constance, en 1183 (1).

Combien de communautés ne doivent-elles pas encore aux mêmes moyens leur affranchissement : les

(1) Sismondi, *Hist. des répub. d'Italie*. I, 403 ; II, 239.

villes et pays libres de la Suisse, les Etats des Pays-Bas, même les colonies britanniques de l'Amérique du Nord. Les priviléges concédés, ou la libération d'anciennes charges ont toujours précédé la liberté, toujours ouvert la route à l'émancipation des républiques. On a vu dans l'Helvétie, chose infiniment remarquable, de simples communes rurales se racheter, par des contrats volontaires de part et d'autre ; et au milieu de la paix, des redevances qui les tenaient sous la domination, se substituer en toute justice à la place de leur seigneur, et conserver l'indépendance durant des siècles (1).

Les communautés peuvent, en deuxième lieu, s'élever au faîte du pouvoir par des *guerres suivies de traités*

---

(1) En 1359, le petit village de Gersan livrant des sommes très-considérables, se racheta des droits de haute et basse justice, des rentes foncières, des dimes et des autres redevances qui l'obligeaient envers les seigneurs de Von Moos ; il fit alliance avec Schwytz, ce membre fidèle de la confédération suisse ; il maintint sa liberté durant plus de quatre siècles et ne la perdit qu'en 1798. Alpnach s'affranchit en 1365, pareillement à deniers comptant, de toute servitude envers la comtesse de Strasberg. Hergiswyl se rédima de la même manière en 1378 de la dépendance des seigneurs de Littau ; mais ce village se rattacha plus tard à la communauté (*Langsgemeinde*) d'Unterwalden. Si l'on voulait tout dire, il faudrait encore parler ici du pays de Glaris et de plusieurs communes des Grisons. — Jean de Muller, *Hist. des Suisses*, II, 290.

de paix qui leur donnent la liberté complète. Quand la guerre ne dépasse point les bornes de la justice et du droit, quand elle se fait dans l'intérêt d'une défense légitime et nécessaire, l'indépendance acquise ou plutôt conquise par les armes jette plus d'éclat que l'affranchissement volontaire, parce qu'elle suppose plus d'efforts et de sacrifices, plus de courage et de valeur ; mais, il faut le remarquer, ce n'est pas la guerre elle-même, c'est le traité de paix qui donne, avec le consentement du prince, la souveraineté.

Mentionnons tout de suite le troisième et dernier moyen qui assure aux corporations une liberté complète : *le relâchement ou la rupture du lien de leur indépendance.* Le maître cède explicitement ou tacitement les redevances et les prestations qui lui sont dues, ou bien il meurt sans laisser de successeurs ; alors la communauté reçoit la souveraineté par l'annulation des titres qui la constituaient sous l'obéissance. Nombre de républiques et même de principautés sont parvenues à l'indépendance par l'affaiblissement et le décès de leur seigneur. Nous en avons montré plusieurs exemples dans le premier volume de cet ouvrage ; inutile de les remettre ici sous les yeux du lecteur.

Mais il ne faut pas omettre ceci : les trois moyens d'émancipation sociale signalés tout à l'heure, se réunissent souvent pour couronner les communautés.

Qu'est-ce qui donna le sceptre à Carthage, ainsi qu'à presque toutes les villes de l'ancienne Grèce? Deux choses, qui s'unirent dans le même but : l'exercice de leurs priviléges et la disparition de leur maître. Les villes et les pays de la Suisse s'élevèrent à la liberté suprême autant par les chartes qu'ils obtinrent de leur souverain, et par les guerres qui leur donnèrent la victoire, que par l'affaiblissement successif du pouvoir impérial. La paix de Westphalie ne leur accorda point de nouvelles prérogatives ; seulement elle reconnut, dans une stipulation formelle, l'indépendance que l'Helvétie possédait depuis longtemps par une sorte de prescription. Ainsi s'affranchirent aussi nombre de communautés dans le moyen-âge : plusieurs villes d'Allemagne, les républiques d'Italie, l'ordre de Malte, et des monastères. Il faut dire la même chose des Etats néerlandais et des colonies anglaises dans l'Amérique du Nord.

Ces vastes associations jouissaient de grands priviléges; elles avaient pour alliés des nations puissantes ; la guerre rendit plusieurs fois leurs armes victorieuses ; et les traités de paix, stipulant la cession des droits de leur seigneur, revêtit leur indépendance du caractère authentique et complet de la légitimité.

CHAPITRE V

DROITS ET RAPPORTS NATURELS DANS LES RÉPUBLIQUES.

Après avoir expliqué d'abord l'origine et la nature des républiques, puis leurs fins diverses et leurs moyens d'émancipation souveraine, nous allons traiter du droit naturel qui les régit selon la loi de justice éternelle.

Pour remplir cette tâche d'une manière claire et précise, nous devons avant toutes choses distinguer deux sortes de droit dans les républiques : l'un existe entre les membres de la communauté, et règle les actes du dedans (*jus societatis domesticum*); l'autre règne entre la corporation tout entière et ceux qui, sans lui appartenir, lui doivent en vertu de conventions certains services ou en dépendent naturellement de quelque autre manière. C'est le *jus societatis extraneum*.

Nous examinerons fondamentalement la première sorte de droit républicain, le droit intérieur; ensuite nous considérerons d'un coup d'œil rapide la seconde espèce, le droit extérieur, droit absolument identique avec celui qui lie le prince et ses sujets. Nous l'avons déjà passé en revue dans le chapitre sur les seigneuries individuelles.

De l'idée même d'une communauté véritable, c'est-à-dire d'une réunion d'hommes concourant au même but, jouissant des mêmes avantages et soumis aux mêmes charges, découlent tout naturellement, entre les membres d'une telle société, des droits et des devoirs spéciaux, dont l'ensemble constitue ce que l'on peut appeler dans le sens le plus restreint le *droit social*, c'est-à-dire *le droit des associations ou des républiques*, le *jus publicum* proprement dit, *jus societatis domesticum*. C'est là le droit qui régit toutes les communes, toutes les corporations, et qui se trouve exposé plus ou moins superficiellement dans les *abrégés de droit naturel*, au titre des sociétés fondées sur l'égalité de leurs membres. Mais comme le mot de *société* se prend dans des acceptions multiples et diverses : tantôt pour une communauté proprement dite, tantôt pour une réunion temporaire, tantôt pour des relations de famille et pour des rapports d'autorité et de soumission ; il faut distinguer rigoureusement entre le droit des communautés ou des républiques, et le droit des princes envers leurs serviteurs et leurs sujets (1).

(1) Grotius fait à cet égard l'observation que voici : Sicut autem societas alia est sine inæqualitate, ut inter fratres, cives, amicos, fœderatos ; alia inæqualis ut inter patrem et

Cependant, la plupart des jurisconsultes et des philosophes ont confondu sans cesse ces deux sortes de droits. Des relations qui naissent si nombreuses et si variées parmi les hommes et se divisent en deux grandes

---

liberos, dominum et servos, regem et subditos, Deum et homines : ita aliud justum est ex æquo inter se viventium, aliud ejus qui regit et qui regitur, qua tales sunt ; quorum hoc jus *rectorium*, illud *æquatorium* recte, ni fallor, vocabimus. De J. b. ac. p., L. 1, chap. I, § 2 et 3.

Voilà donc deux sortes de sociétés, celle des égaux et celle des inégaux, si l'on peut dire ainsi ; mais le grand jurisconsulte, il importe de le remarquer, n'a pas mis la distinction dans toute sa justesse, ni dans sa vraie lumière. Les relations dont il parle entre le père et ses enfants, entre le maître et ses serviteurs, entre le prince et ses sujets, il ne devait pas les nommer *societates*, des sociétés ; mais il aurait dû, comme Cicéron, comme les anciens classiques, les appeler des *conjonctions*, des *agrégations*.

D'une autre part, les frères et les amis, quand ils ne possèdent rien en commun, ont bien des rapports d'égalité ; mais ils ne forment pas une congrégation pour autant. On ne voit dans leurs groupes ni admission, ni délibération publique, ni décision prise à la majorité des suffrages. Ils sont entre eux dans l'état de droit privé absolu ou extra-social, à cela près qu'ils doivent, à raison de leur contact habituel dans leur juxtaposition, user les uns envers les autres, mais librement, de bons procédés. Ce n'est pas tout. Les expressions dont se sert aussi Grotius pour désigner le droit des compagnies ou des associations, *jus æquatorium* ou *jus ex æquo inter se viventium*, manquent pareillement de justesse, parce qu'elles ont trop d'extension ; le vieux *jus publicum* ou le *jus societatis domesticum* ou bien encore le *jus sodalitiorum* eussent porté à l'esprit une idée plus nette

catégories, les relations d'assistance et celles de copropriété, celles de services et celles d'union, celles de seigneuries et celles de communauté, ils n'admettaient que les dernières, ou du moins les proclamaient seules légitimes et raisonnables. Pour se donner la faculté de remplacer le droit monarchique par le droit républicain, ils imaginaient ou présupposaient des communautés là où il n'en existait point. Trompés par l'idée fausse que les sujets du prince forment une corporation possédant la puissance souveraine, ils prêtaient la constitution des républiques à la monarchie; chose non moins absurde que si l'on faisait du fermier le propriétaire, et du serviteur le maître.

C'est à cette erreur fondamentale qu'il faut attribuer non-seulement la perturbation de la science politique, mais encore l'affreux bouleversement de tout ordre,

---

et plus précise. Les princes entre eux, les serviteurs du même maître et les individus ne vivent-ils pas *ex æquo* indépendants les uns des autres? Oui sans doute, et cependant ils ne forment point de communautés; leur existence simultanée n'offre aucun des signes caractéristiques des sociétés; on ne voit parmi eux ni statuts, ni centre communs, ni biens, ni but communs: *leges communes, arcem communem, finem communem.* Ils vivent sous le droit absolu et privé, droit qui relativement aux princes et aux corporations souveraines s'appelle, quoique dans un sens impropre, *droit des gens*, et non pas droit des associations.

de tout droit et de toute justice dont nous avons été les témoins.

On ne saurait donc trop insister sur la distinction que nous avons posée naguère entre les relations de supériorité et les relations d'égalité, entre les principautés et les communautés indépendantes. Mais en quoi consiste donc le droit naturel entre les membres d'une association ou d'une véritable république? Vouloir épuiser tous les cas imaginables auxquels ce droit peut être appliqué, prévoir et décider toutes les questions de droit qui peuvent se présenter, ce serait, ici comme en d'autres matières, chose interminable, impossible et de plus tout à fait inutile. Nous nous bornerons donc à exposer les principes fondamentaux et les plus importantes règles de droit, au moyen desquels il sera facile de résoudre d'autres questions, qui dans des cas particuliers pourraient se présenter.

La première règle du droit républicain, la voici : *nul ne peut être contraint d'entrer dans une communauté*; il faut au contraire que chacun de ses membres y ait consenti librement, *pactum unionis unanime esse debet*. Cette règle s'applique aux sociétés indépendantes aussi bien qu'aux communautés privées. Car les droits de ceux qui veulent fonder une société ou qui l'ont déjà fondée, peuvent très-bien coexister avec les droits de ceux qui ne veulent pas en être. Sur ce point il n'existe aucun conflit où l'une des deux parties soit obligée de céder à l'autre. Vouloir forcer quelqu'un de s'associer malgré lui à une communauté ; lui en imposer les charges et les obligations, lors même qu'il ne veut pas jouir de ses avantages, ce serait le léser non-seulement dans sa liberté personnelle, mais encore dans sa propriété. Une pareille contrainte serait de plus inutile, et constituerait même un acte de violence nuisible à la société elle-même. Car les membres ainsi contraints de faire partie de la communauté deviendraient pour elle des ennemis et non des amis. Ils useraient du pouvoir qu'ils auraient acquis pour renverser une société injustement formée, ainsi que cela est arrivé en Angleterre sous Cromwell, et dans toutes nos modernes républiques révolutionnaires.

Aucune majorité, même dans une république déjà existante, n'a le droit de forcer qui que ce soit à s'y joindre. Car cette majorité n'a de pouvoir légitime que dans l'intérieur de la société. Sa compétence n'embrasse, comme nous le montrerons incessamment, que les affaires générales de la communauté, et ne s'étend point sur les droits privés. Ses décisions n'obligent que les associés ou les membres de la communauté, et nullement ceux qui ne le sont pas ou ne veulent pas l'être.

Conformément à ces principes, nous voyons que

dans le monde entier, nul n'est contraint d'entrer dans une compagnie quelconque. On ne force personne à devenir membre d'une maîtrise d'artisans, d'une corporation, ou de la bourgeoisie de quelque ville ou commune.

Une violence de cette espèce n'a jamais été pratiquée par aucun ordre de chevalerie, ni par aucune société savante. Lorsque l'intérêt d'une corporation exige d'augmenter le nombre de ses membres, ou de s'agréger quelques personnages importants, il ne lui est permis d'employer à cette fin que des moyens licites, c'est-à-dire de leur offrir des avantages qui les engagent à désirer eux-mêmes cette admission.

De la part des sociétés indépendantes ou des véritables républiques, une telle contrainte serait tout aussi injuste et, de plus, encore moins nécessaire. Car ici, tout l'avantage se trouve du côté des récipiendaires, qui s'estiment heureux d'être admis à faire partie d'une compagnie aussi illustre et n'ont pas besoin d'y être forcés.

Jamais la république romaine ne força qui que ce fût à accepter son droit de cité, aussi longtemps du moins qu'elle fut encore une véritable république. Nul ne fut jamais contraint de s'aggréger à la bourgeoisie des villes suisses, et nul ne fut empêché de s'en retirer.

Et, bien que l'Eglise chrétienne soit la plus nombreuse et la plus nécessaire de toutes les sociétés, cependant elle-même n'admet aucune contrainte quant à l'admission dans son sein, aucun *compelle intrare*, son divin fondateur le lui a formellement défendu. Car un chrétien forcé serait un hypocrite et non pas un chrétien. Les chefs de l'Eglise ont toujours blâmé ceux qui prétendaient convertir par le fer et par le feu les peuples au christianisme. La violence non-seulement écarterait le but, mais encore serait contraire à la justice, contraire à la charité et à l'esprit de l'Evangile.

En général, cette règle de droit, que nul ne doit être forcé d'entrer dans une société, est une vérité tellement évidente, qu'elle est reconnue même par quelques-uns des auteurs qui admettent la chimère du contrat social. Puffendorf (1) et Siens par exemple, établissent formellement qu'à l'époque de la formation de ce contrat social, l'accession ou le refus d'accession demeure libre à chacun, et que la communauté ne peut se former qu'au moyen de l'assentiment unanime de tous ses membres.

Néanmoins ce principe a été méconnu et foulé aux pieds par les fondateurs et fauteurs de toutes nos ré-

(1) *Jus nat. et gentium*. L. VII, chap. II, § 7.

publiques révolutionnaires modernes. Ils ont forcé tous les hommes, soit tous les habitants des pays dont ils avaient usurpé la domination, à devenir malgré eux citoyens ou membres de leurs communautés improvisées. L'imposition de ce joug s'appelait une *acceptation de constitution;* acte injuste et sans force obligatoire. Car pour que ces sortes d'acceptations eussent pu établir un droit véritable, il eût fallu poser deux questions distinctes : la première, si l'on consentait à entrer dans la nouvelle communauté, et la seconde, si dans ce cas l'on adhérait au plan de sa constitution, ou si l'on en désirait un autre : Or, sur la première de ces questions, la majorité n'avait aucun droit de lier la minorité; et sur la seconde, elle pouvait lier seulement ceux qui avaient répondu affirmativement à la première. Mais en confondant avec intention les deux questions, l'on se trouva dans l'impossibilité de répondre négativement à la première, bien qu'elle fût la principale, et l'on devenait contre son gré membre d'une communauté qui jusque-là n'avait point existé ni paru nécessaire. Tant il est vrai que les soi-disant républicains de nos jours n'ont pas des idées plus justes sur les républiques que sur les monarchies. Ils parlent de liberté, et leur système tout entier n'est que violence et contrainte.

La seconde règle de droit à suivre dans toute république ou communauté consiste en ceci : de même que nul ne peut être contraint d'y entrer, de même aussi la communauté *n'est point obligée de recevoir malgré elle des membres nouveaux ; il dépend d'elle seule de fixer les conditions auxquelles il lui plaît d'admettre les associés nouveaux.* Cette règle, qui n'est pas de moindre importance que la première, découle également de la nature des choses et de la liberté réciproque.

Une association ou communauté est la réunion volontaire de plusieurs hommes pour atteindre une fin commune. Cette fin, pourvu qu'elle ne renferme rien d'illicite, rien de contraire à des devoirs supérieurs ou aux droits d'autrui, est l'affaire personnelle de ses membres.

Ceux-ci possèdent en commun des biens, des revenus, des usufruits et d'autres avantages, que la communauté a acquis par voie de donation ou à d'autres titres légitimes. Comment donc la communauté pourrait-elle être tenue et par conséquent forcée d'admettre en partage d'autres hommes, qui peut-être n'ont en rien contribué à sa fondation, à son accroissement, à son bien-être ? Cette contrainte la léserait évidemment dans sa liberté et dans son droit de propriété. Elle pourrait même compromettre son existence, lorsque, par exemple, l'on voudrait lui imposer des membres trop puissants, ou animés d'intentions hostiles, ou d'autres qui souffleraient la discorde, qui entraveraient plutôt au lieu de les favoriser les fins de la société ; ou bien qui ne voudraient que jouir des bénéfices de la société, sans vouloir ou sans pouvoir en supporter les charges. Aussi l'expérience nous apprend que cette règle est généralement observée dans toutes les communautés quelconques, et que sa violation est toujours considérée comme un abus répréhensible. Pour commencer par des exemples de minime importance, l'on ne voit pas qu'aucun cercle social, aucune société littéraire se laisse imposer, ou qu'on songe à lui imposer sans son assentiment des associés nouveaux. Chaque commune urbaine ou rurale, toute compagnie de commerce, toute société scientifique est libre de recevoir ou de refuser des bourgeois ou des membres nouveaux, lors même que les aspirants, à raison de leurs qualités, mériteraient le mieux d'être admis à cette faveur. Or ce même droit appartient à titre égal, et même à plus forte raison, aux communautés puissantes et indépendantes que l'on appelle républiques. Les villes de Rome, de Venise ; les villes et pays libres de la Suisse ; les villes impériales d'Allemagne, l'ordre de Malte, ni aucun autre ordre n'ont jamais subi la moindre tentative de contrainte dans l'admission ou dans le refus de nouveaux citoyens.

Et si les communautés ne sont point obligées d'accepter comme membres les étrangers, elles ont par cela même le droit de fixer le mode, les charges, les conditions de leur admission. Une seule règle s'impose à leur conduite dans ce domaine, une règle de prudence, qui leur défend de se nuire à elles-mêmes en repoussant d'utiles renforts. Hors de là, elles peuvent, relativement aux réceptions, faire des statuts selon leur convenance, des lois conformément à leur intérêt. Elles peuvent interpréter et appliquer ces règlements comme elles l'entendent; les modifier et les changer, les suspendre et les abolir. Que les conditions prescrites soient faciles ou difficiles, larges ou restreintes, accessibles à tous ou seulement au petit nombre, personne n'a le droit de les condamner, parce qu'elles ne blessent le droit de personne : il serait permis tout au plus de les taxer d'imprudence et d'égoïsme.

Ordinairement les associations fixent pour clauses d'admission dans leur sein, des qualités et des prestations conformes à leurs fins, par conséquent multiples et variées comme les besins qui leur ont donné l'existence et qu'elles doivent satisfaire. Elles exigent des récipiendaires, ici un âge déterminé, là une extraction honorable, plus loin telle et telle profession, tantôt l'application à une science particulière pour les réunions savantes ; tantôt des vœux pour les ordres religieux ; tantôt le paiement d'une certaine somme pour les corporations richement dotées; disons encore une fortune plus ou moins grande et des propriétés territoriales, ou bien plusieurs de ces choses à la fois. Il est aussi des communautés qui ne règlent point légalement, constitutionnellement, l'admission dans leur sein, se réservant de statuer dans les cas particuliers. Au reste, il faut bien le remarquer, l'accomplissement des conditions donne seulement l'éligibilité, mais non l'élection, l'aptitude d'être reçu, mais non pas la réception. Vainement le candidat satisfait-il à toutes les exigences, la communauté garde le droit de le rejeter, s'il ne lui est pas agréable sous d'autres rapports ; c'est le corps moral, c'est son assentiment qui s'agrége ses nouveaux membres. On voit donc que toute admission dans une communauté trouve sa base dans un contrat bilatéral et volontaire. Si, à la vérité, il existe dans quelques sociétés privées, et même dans certaines républiques, pour des cas particuliers, des réceptions obligatoires, ce sont là des déviations exceptionnelles qui confirment la règle; ce sont des limitations au droit naturel qui furent déterminées par leurs supérieurs ou leurs fondateurs primitifs, ou qu'elles se sont imposées législativement elles-mêmes. De nos jours sans doute, c'est un principe incontestable, que toute corporation a le droit de recevoir ou de refuser des associés nouveaux, et de fixer elle-même les conditions de l'admissibilité. Et pourtant ce droit a été, non pas réfuté, mais contesté et méconnu. On s'est plaint amèrement, et des milliers de livres abondent encore en lamentations, de ce que tout homme ne peut pas être membre de quelques cités opulentes et régnantes, de certains ordres de chevalerie ou de grands chapitres. On appelait cela un privilége intolérable, une injustice criante et une sorte de dégradation des autres hommes; comme si la nature avait accordé à chaque nouveau-né un diplôme de citoyen d'une ville, et comme si la faculté d'être admis, par l'effet de sa propre volonté, à une corporation étrangère et de participer à ses propriétés, était un droit naturel de tous les hommes. Du reste nous ne prétendons pas qu'il soit sage et raisonnable, ou dans l'intérêt bien entendu d'une communauté indépendante, de fermer totalement son cercle, ou de n'y admettre de nouveaux membres qu'à des conditions trop multipliées et d'une nature trop difficile à remplir. Mais c'est là une tout autre question, qui n'appartient pas à la théorie du simple droit, mais qui est du domaine de la prudence politique.

CHAPITRE VI

CONTINUATION. SORTIE DE LA COMMUNAUTÉ.

Nous avons démontré, dès le commencement de la question présente, que nul ne peut être contraint d'entrer dans une association, que tous doivent en franchir le seuil de leur propre volonté. De là résulte la troisième règle qui régit les républiques, et cette règle la voici : *Tout membre d'une communauté peut en sortir librement, à moins d'avoir pris l'engagement contraire.*

Ce principe n'aurait pas besoin d'être prouvé si, à l'instar de tout ce qui est juste et légitime, il n'eût été contesté de nos jours. Rien n'empêche, les droits d'autrui respectés, de changer de volonté, de suspendre ses résolutions, de revenir en arrière dans une voie où l'on s'est engagé spontanément. C'est en vue d'un avantage, afin de satisfaire un besoin, pour parvenir à un but, que l'on entre dans une communauté ; quand ce but est atteint, ce besoin apaisé, cet avantage obtenu, comme il arrive dans les compagnies industrielles ou commerciales, aucune raison n'existe plus d'y rester. Et pourquoi d'ailleurs devrait-on continuer à en supporter les charges, lorsqu'on est résolu à renoncer aux bénéfices? Ce droit de libre sortie de chacun de ses membres peut très-bien subsister avec les droits de toute la communauté, car celle-ci continue à exister dans les autres membres comme auparavant. Rien ne lui est ôté de ses biens, de ses possessions ni des droits qui en découlent; et si elle le juge convenable, il lui est facile de remplacer ses membres sortants par la réception de membres nouveaux.

D'ailleurs, l'intérêt bien entendu de la communauté se joint ici à son devoir, pour laisser à chacun de ses membres la faculté de s'en retirer. Car l'obligation d'y rester malgré soi, ôterait déjà l'envie d'y entrer; et les membres retenus de force ne seraient plus des amis, mais des ennemis de la société, et finiraient par s'en détacher par la violence s'ils ne pouvaient le faire en toute liberté. C'est pourquoi l'expérience nous confirme que ce droit de libre sortie, subsiste et a subsisté de tout temps dans les républiques aussi bien que dans les corporations privées. Les villes de l'ancienne Grèce n'empêchaient personne de renoncer à leur droit de cité. A Rome, Cicéron mande expressément que c'était un des premiers et des plus antiques droits reconnus dès le commencement du nom romain, que nul ne fût forcé de rester malgré lui dans la même communauté civile ni de la changer malgré lui contre une autre (1). De même aussi les villes et pays libres de la Suisse, les villes impériales de l'Allemagne ne forçaient personne d'entrer dans leurs corps de bourgeoisie, ni n'empêchaient qui que ce fût d'en sortir. Il arrivait même souvent qu'on en sortait, lorsque les devoirs qu'on avait envers la communauté se trouvaient en conflit avec des intérêts et des engagements d'un ordre supérieur. Seulement, dans les monastères et quelques ordres religieux, il n'est plus permis d'en sortir après y être entré. Mais alors aussi, il faut qu'avant la réception on se soit volontairement et formellement engagé d'y rester toute sa vie, de sorte que cette exception apparente confirme encore la règle générale. Les longs exercices qui précèdent une résolution si extraordinaire, les épreuves successives et les vœux solennels que l'on fait en pareille occasion, prouvent précisément que l'obligation de demeurer durant toute sa vie dans une communauté ecclésiastique n'est pas de droit naturel, mais qu'elle est une condition requise pour l'admission elle-même condition à la-

(1) O jura præclara atque divinitus, jam inde a principio Romani nominis majoribus nostris comparata, ne quis invitus civitate mutetur, neve in civitate maneat invitus. Cic. pro Balbo.

quelle il faut adhérer de plein gré, et qui en ce cas doit être fidèlement gardée.

D'après ces principes, on reconnaîtra la fausseté de certaines doctrines modernes et philosophiques, en vertu desquelles il ne devait être permis à aucun citoyen de se séparer de l'Etat et de renoncer à une société politique réelle ou fictive. De même qu'on était contraint par la force d'entrer dans ces nouvelles communautés civiles, ou prétendus États rationnels, et assujetti par la force à des prestations indéfinies, soit personnelles soit réelles; de même aussi on devait y être retenu par la force. Cette doctrine servile, qui convertit tous les hommes en serfs attachés à la glèbe, découle encore de cette erreur radicale tant de fois réfutée par nous, savoir que les États ne seraient que des espèces de compagnies d'assurance pour le maintien du droit, de sorte que hors d'elles, et dans les rapports sociaux naturels, il n'existerait aucune loi de justice et aucun moyen de la maintenir.

On ne saurait toutefois nier que, bien que le droit de libre sortie d'une association soit celui de chacun de ses membres, cependant la renonciation intempestive à la qualité de citoyen, ou plutôt aux droits et aux devoirs qui en résultent, ne puisse en certaines circonstances être considérée comme un acte d'égoïsme et d'ingratitude. La loi naturelle non-seulement défend de faire du mal à son prochain, mais encore elle commande de lui faire du bien. De ce précepte, nous concluons qu'il y a quelque chose d'immoral à abandonner dans des temps de malheur, de danger ou de charges extraordinaires, une société au sein de laquelle on a joui autrefois de beaucoup d'avantages et de bénéfices. Or, si un grand nombre de citoyens venaient à en agir de cette manière, les charges à supporter retomberaient sur le petit nombre qui demeurerait fidèle et la ruine de la société en deviendrait inévitable. On blâme, et avec raison, les fonctionnaires et les sujets qui abandonnent le souverain dans le malheur; combien ne doit-on pas condamner plus sévèrement les citoyens qui délaissent la république, cette grande famille de frères, dans les mêmes circonstances? Malgré cela, nous ne pouvons partager l'avis de plusieurs jurisconsultes célèbres qui, tout en reconnaissant que la renonciation au droit de cité et les émigrations sont licites en principe, admettent cependant que l'exercice intempestif de ce droit (*discessio intempestiva*) peut et doit, en certains cas donnés, être empêché par des moyens de coaction (1). Ces sortes de mesures sont toujours contraires à la justice, qui doit demeurer la

(1) Grotius *j. b. et p.* L. II, chap. III, § 24. Puffendorf. *Jus nat. et gent.* L. VIII, ch. XI, § 3. Boehmer. *Jus publ. univ.* p. 602. Scheidemantel *Staatsrecht*. T. III, p. 90-91.

règle suprême. Elles manquent ordinairement leur but et produisent les plus graves inconvénients, résultats de la confusion des devoirs d'humanité avec les dettes de stricte justice. Car cette confusion, admise en principe, ouvre la porte à tout arbitraire.

Qui, par exemple, décidera si l'abandon d'une société est intempestif ou non? L'intérêt d'une faction trouvera facilement toute sortie intempestive, et le pouvoir qu'elle aurait de décider selon son bon plaisir, annulerait tout droit de l'individu. Il existe, du reste, d'autres moyens efficaces et compatibles avec la justice, pour forcer les hommes à l'accomplissement au moins extérieur de leurs devoirs d'humanité, et leur faire sentir la nécessité de revenir de leur volonté égoïste et de se relâcher de leur droit rigoureux. Ces moyens mis en oubli par les docteurs en droit naturel, bien qu'ils remplissent une des principales lacunes de la science, consistent dans la rétorsion, c'est-à-dire la dénégation de devoirs analogues.

Finalement, il est encore à observer qu'une association perd ses droits respectifs sur ceux qui s'en sont séparés ; elle ne peut plus en exiger les devoirs civiques. La cessation du motif de l'obligation fait cesser l'obligation elle-même, et il ne reste plus des deux côtés que les obligations d'humanité, lesquelles existent dans tous les rapports sociaux. Mais la communauté peut, d'une autre part, acquérir de nouveaux droits sur ses membres séparés : elle les acquiert effectivement quand ils continuent d'habiter son territoire, qu'ils entrent à son service, qu'ils en acceptent des fiefs ou d'autres faveurs. On voit que ces derniers droits diffèrent essentiellement des premiers, parce qu'ils n'ont point la même base : ils ne reposent plus sur un pacte d'union, mais sur un contrat de service.

CHAPITRE VII.

CONTINUATION DE L'ORIGINE DU POUVOIR DANS LES COMMUNAUTÉS INDÉPENDANTES.

Posons tout de suite la quatrième règle du droit républicain : *Le pouvoir ou du moins la source du pouvoir vient, dans les communautés libres, de la totalité de leurs membres.* Cette règle, qui est de la plus haute importance, a son principe dans la nature des choses et repose sur des preuves incontestables.

Comme l'individu déclare seul sa volonté personnelle et qu'il est, dans les limites de son pouvoir et de son droit, maître absolu de ses actes et de ses affaires, ainsi la communauté, composée de membres égaux, exprime sa volonté collective par l'unanimité ou, dans le cas de dissidence, par la majorité des voix; et puisque cette volonté est, comme celle de l'individu, souveraine dans le cercle de son droit et de sa puissance, elle forme une loi obligatoire pour les associés ou pour d'autres encore. On voit qu'ici la loi positive est le produit et l'expression de la volonté générale; mais on ne peut dire la même chose ni de la loi naturelle établie par le créateur et maître du monde, ni même de la loi positive faite par les princes ou par un législateur particulier. La communauté fondée sur l'égalité, formant une seule personne morale, est le seigneur et maître collectif de la même manière que, dans les sociétés reposant sur l'inégalité, le prince est le souverain dans sa seule personne (1).

C'est l'ignorance ou l'oubli de cette distinction fondamentale entre le souverain collectif et le souverain individuel ; c'est la déplorable manie de voir en toute multitude, en toute agrégation ou agglomération d'hommes, des communautés effectives et indépendantes, là où il n'y avait ni association ni indépendance, qui a donné naissance à la fausse et absurde doctrine de la souveraineté du peuple même dans les Etats monarchiques. Ce qui est vrai d'une corporation libre, à savoir que ses lois émanent de la volonté générale de ses membres, est loin de l'être, dès qu'on veut l'affirmer des serviteurs et des sujets d'un prince ou même des sujets de la république elle-même. Car, entre les sujets il n'existe aucune communauté ; mais ils se trouvent placés, envers leur prince, dans des rapports très-

(1) Déjà Aristote disait : Princeps enim fit populus, junctus unus e multis. Multi enim domini sunt, non sane ut singuli, sed ut universi. *Polit.* L. IV.

différents de dépendance naturelle ou de service volontaire. Malheureusement, l'imperfection du langage est, et demeurera toujours la source des plus graves et des plus nombreuses erreurs. De même que le mot *société* varie dans sa signification, le substantif *peuple* (*populus*) exprime deux choses ou deux sortes de rapports sociaux très-différents. Tantôt il désigne une corporation libre, une multitude unie dans ses membres (*multitudo unita*), telle qu'était la communauté du peuple romain ; tantôt il dénonce une multitude éparse, sans lien commun qui la resserre en faisceau (*multitudo soluta*) ; ou bien encore un certain nombre d'hommes attachés au service d'un seul ou de plusieurs. Or, les jurisconsultes, peu attentifs, ont omis de distinguer ces deux sortes de peuples si distincts : les peuples formant une communauté libre, et les peuples vivant épars sous la domination d'un maître.

Ainsi, confondant ces deux sortes de peuples différents, l'on a pour ainsi dire allongé le droit des premiers pour l'étendre aux seconds ; et le sophisme venant de l'ambiguïté des termes, comme s'expriment les logiciens, a renforcé dans les esprits l'erreur funeste de la souveraineté du peuple.

En réalité, nul n'est *souverain* que le chef suprême, c'est-à-dire celui qui jouit de la puissance et de l'indépendance qui, Dieu excepté, n'a pas de supérieur :

n'importe que ce chef soit un individu ou une corporation.

C'est donc une chose absurde, d'appeler souveraine une multitude d'hommes, quelque nombreuse qu'elle puisse être, qui ne forme pas un tout et dont, au contraire, chaque individu se trouve placé sous la dépendance d'un autre.

On élève contre ce principe de droit, que dans l'intérieur de toute association le pouvoir souverain réside dans la totalité de ses membres, une objection assez spécieuse. Du fait que, selon l'expérience, la plupart des républiques ou des communautés, soit à raison du grand nombre de leurs membres, soit à raison de leur éloignement sont forcées de se départir, en tout ou en partie, de leur puissance et d'en déléguer l'exercice à un comité plus ou moins nombreux, on tire la conclusion qu'elles ne déclarent pas elles-mêmes leur volonté, et que par conséquent elles ne possèdent pas la puissance souveraine. Cette considération a même engagé le citoyen de Genève, J.-J. Rousseau, à soutenir que tout peuple, c'est-à-dire, en son sens, toute communauté libre, qui délègue son pouvoir ou se voit forcé de l'abandonner sans réserve à des représentants, n'est plus souverain et qu'il cesse même de former un peuple, une communauté civile.

Nous ne nierons pas que, rigoureusement parlant,

il n'y ait dans cette proposition quelque chose de vrai, et qu'une communauté qui déléguerait toute sa puissance à une partie de ses membres, sans se réserver aucun droit ni même aucune influence sur le choix ou le remplacement de ses mandataires, cesserait en effet d'être une corporation souveraine, et que cette qualité serait, en ce cas, transférée à l'assemblée représentative, c'est-à-dire à une communauté plus rétrécie. Aussi, prouverons-nous dans un chapitre suivant cette remarquable vérité : que toutes les républiques dites représentatives, ou en d'autres termes toutes les aristocraties complètes qui se présentent dans l'histoire, n'ont jamais et nulle part été fondées par la libre volonté des communes, mais qu'elles ont été ainsi établies par ceux qui, dans l'origine, avaient le droit et la puissance de créer et d'organiser la corporation elle-même.

Nous montrerons que la marche ordinaire des choses, dans le développement des républiques, ne consiste point en ce que le pouvoir se rétrécit ou se concentre d'en-bas par la volonté de la multitude, mais qu'au contraire, il est successivement élargi d'en-haut par ceux qui le possèdent, afin de s'adjoindre un plus grand nombre de participants et d'échapper, par ce moyen à une jalousie hostile.

Toutefois, ces restrictions faites, l'objection de Rousseau n'est qu'apparente. Car si une communauté tout entière ne veut pas exercer ses droits essentiels, ses délégués les exercent cependant en son nom et pour ses fins, et, étant eux-mêmes membres de l'association, ils ne peuvent être considérés que comme des mandataires porteurs de ses pleins pouvoirs. Les conditions d'éligibilité de ces magistrats et souvent le mode de leur élection, le serment que pour l'ordinaire ils sont tenus de prêter, le style usité de leurs débats et de leurs résolutions, tout cela se réunit pour prouver que le pouvoir souverain réside dans l'ensemble de la communauté, ou au moins qu'elle en est la source. Du reste, c'est là effectivement un grave inconvénient attaché à toutes les républiques, qu'elles cessent de pouvoir exercer leurs droits par elles-mêmes du moment où le nombre de leurs membres devient un peu considérable, et que dès lors elles se voient, bon gré mal gré, forcées à les déléguer en tout ou en partie à d'autres. Nul doute que, dans des circonstances données, il y ait, de la part de ces délégués ou de ces représentants, des dangers à redouter pour les droits de la communauté, pour peu qu'ils soient disposés à user de leur pouvoir dans leur intérêt privé, plutôt que dans l'intérêt public. Ces inconvénients, il faut le dire, sont inévitables, car ils ressortent de la nature même des choses. Ils peuvent bien être diminués par de sages lois constitutionnelles, mais les principes moraux et religieux peuvent seuls y obvier complètement. D'ailleurs, ces inconvénients montrent tout ce qu'a d'artificiel l'organisation de sociétés semblables, et combien peu de grandes républiques sont conformes aux lois de la nature.

CHAPITRE VIII

CONTINUATION. EXERCICE DE LA SOUVERAINETÉ.

Toute communauté libre ou dépendante doit avoir un moyen de manifester sa volonté. En sa qualité de personne collective, il faut qu'elle puisse statuer soit envers ses membres, soit envers d'autres corporations, ou à l'égard d'individus étrangers; et pour atteindre un but commun, il faut avant tout avoir une volonté commune. Or, bien que, suivant la stricte règle, cette volonté s'exprime par la volonté générale et unanime de tous les membres de la société, cependant une pareille unanimité n'existe pas toujours, et la variété des opinions la rend même rarement possible. On sait que dans ce dernier cas, c'est la *majorité des votes* qui prévaut dans toutes les communautés véritables. Nous disons à dessein *en toute communauté véritable*, car il en est autrement des simples *congrès* ou des *ligues*, dont les membres ne possèdent aucun bien commun, ni ne poursuivent un but commun et permanent; mais ne sont que temporairement réunis pour une fin transitoire. Ces sortes de réunions ne comportent pas la majorité des votes. Dans chaque question spéciale, les membres d'un simple congrès ne peuvent être liés que par leur propre consentement, et cela parce qu'il s'agit ici de leurs intérêts privés et que la volonté des uns peut très-bien subsister avec la volonté des autres. Il est nécessaire de bien distinguer ces deux sortes d'union. Car des congrès, de simples conférences, ont quelque chose d'analogue avec les corporations et sont souvent confondus avec elles.

C'est, du reste, une question qui n'est ni superflue ni facile à résoudre, que celle de savoir sur quoi se fonde, même dans les véritables communautés, le droit des majorités. Pourquoi les membres de la minorité sont-ils tenus de lui obéir, bien qu'ils soient égaux en droit à ceux qui la composent? La plupart des docteurs en droit naturel recourent à un contrat primitif, en vertu duquel les membres de la société, au moment de sa fondation, ou d'autres en y entrant, auraient pris l'engagement, pour les cas où l'unanimité ne pourrait être obtenue, de se soumettre à la majorité et de reconnaître sa volonté pour la volonté de tous. Mais ce contrat qu'on présuppose n'a jamais existé. C'est en vain que l'on chercherait, dans les temps anciens surtout, la république naissante ou la république parvenue à son développement, qui ait jamais inscrit cet article dans ses statuts constitutionnels. On n'impose pas davantage, explicitement du moins, à tout membre nouveau une pareille condition, et c'est un expédient par trop commode d'expliquer par un pacte imaginaire toutes les obligations dont on ne reconnaît pas la base et le motif naturel. Et lors même que l'on voudrait admettre à ce sujet un contrat tacite, soit une de ces conventions qui, parce qu'elles s'entendent d'elles-mêmes, ne sont ni prononcées ni écrites, la difficulté ne serait qu'ajournée et non pas résolue. Car l'on pourrait encore demander. Pourquoi donc le contrat est-il toujours fait et conclu de la même manière à l'exclusion de toute autre? Pourquoi, par exemple, la décision d'une question n'appartient-elle jamais à la minorité? S'il existait à cet égard une convention purement arbitraire, qui pourrait tout aussi bien ne pas exister, l'on trouverait peut-être aussi quelques exemples du contraire, quelque société au sein de laquelle la minorité prévaudrait, ou bien l'unanimité y serait absolument requise, chose qui cependant n'est reçue nulle part.

D'autres pensent que le droit des majorités repose sur la présomption que, l'opinion du plus grand nombre est toujours la plus sage et la plus juste. Mais malheureusement rien n'est moins vrai que cette supposition. L'histoire et l'expérience quotidienne prouvent plutôt que très-souvent c'est le contraire qui a lieu.

Ceux-là mêmes qui accidentellement composent la majorité, en conviennent volontiers; et quiconque a vécu au sein des républiques, aura pu souvent remarquer que l'avis de la minorité avait été au fond le meilleur, ainsi que l'avouent sans peine les membres de la majorité, et qu'il n'a succombé que parce qu'il était émané de certaines personnes, ou par suite d'un malentendu, ou par l'effet d'un amour-propre blessé, ou enfin parce qu'il avait déplu à quelque puissant personnage.

Une réunion d'hommes est tout aussi bien assujettie aux passions et aussi facile à s'égarer que de simples individus.

C'est aux grandes assemblées surtout qu'on peut appliquer ce proverbe : Les aveugles conduisent les clairvoyants et les insensés règnent sur les sages. *Vulgo placere*, dit Plutarque, *est sapientibus displacere*. Les vertus et les lumières supérieures sont l'apanage du petit nombre; il en est de même des grands crimes et de l'imbécillité complète; ils sont aussi, et très-heureusement, en minorité sur la terre. C'est la médiocrité qui est le patrimoine du plus grand nombre, et c'est pourquoi le petit nombre de sages et de justes sont rarement écoutés. Les grandes communautés peuvent bien pratiquer la justice dans les cas ordinaires; mais lorsqu'il s'agit d'objets compliqués ou de faits de telle nature qu'ils ne sauraient être reconnus et appréciés par tous, alors la multitude, prêtant l'oreille aux sophismes, est entraînée aux plus déplorables méprises et, quand la passion s'en mêle, à des actes de violence qu'un simple individu ou même le petit nombre n'aurait pas osé se permettre. S'agit-il de la haute prudence politique, et de la prévision de l'avenir vous les trouverez rarement dans les grandes assemblées.

D'ordinaire, l'opinion la plus violente, pour peu qu'elle paraisse licite, est la plus facilement accueillie, parce qu'elle est comprise de tous, qu'elle flatte l'orgueil et que la paresse d'esprit est portée à l'admettre pour s'épargner la peine d'y réfléchir longtemps. C'est pourquoi l'on serait souvent disposé à donner la préférence à la minorité, et à se ranger du côté de Pline le Jeune, lorsqu'il se plaint que les votes sont comptés au lieu d'être pesés (1).

Ce n'est donc pas la prétendue présomption que l'opinion du plus grand nombre est toujours la meilleure, qui donne le mot de l'énigme. Ce fait universel, que dans les républiques la majorité est roi, repose

(1) Numerantur sententiae, non ponderantur. Nec aliud publico consilio potest fieri, in quo nihil est tam inaequale, quam aequalitas ipsa. Nam cum sit impar prudentia, par omnium jus est. Plin., *Act. Arrian. epist.* XII, L. II.

sur un tout autre fondement. Lorsque les membres d'une communauté, qui ont tous le même droit d'émettre leur opinion et de manifester leur volonté, sont divisés sur une question, il en résulte une collision de droits dans laquelle l'un des deux partis doit céder, et dans ce cas, c'est le parti le plus fort qui l'emporte. Or, entre égaux, les plus nombreux sont les plus forts, et la minorité doit nécessairement céder, attendu qu'elle ne saurait empêcher l'exécution des volontés de la majorité, que d'ailleurs il lui reste l'espoir de former à son tour et dans d'autres cas la majorité, et de jouir par conséquent du même droit. Ajoutons que, cette majorité elle-même ne décidant que sur les affaires de la communauté, aucun des membres de la minorité ne se trouve lésé dans ses droits privés. La loi générale de la nature, qui veut que le plus puissant domine, loi qui en cas de collisions de droits empêche seule une guerre interminable et maintient ou rétablit la paix entre les hommes, se reproduit encore ici et y trouve une confirmation très-instructive.

Les philosophes qui méconnaissent cet ordre divin ne sauraient lui échapper, lors même qu'ils se représentent tous les hommes égaux en forces, et qu'ils prétendent ériger en souverain le peuple tout entier, femmes et enfants y compris. Leur embarras est visible toutes les fois que l'on élève ou qu'ils abordent eux-mêmes la question de savoir pourquoi l'on est tenu de se soumettre à la majorité de ce peuple souverain, tandis que suivant leurs principes, chaque citoyen ne doit reconnaître d'autre supérieur que sa propre raison? A quelles pitoyables fictions n'ont-ils pas recours, lorsqu'ils se sentent ainsi pressés et démentis par leurs propres principes! Jamais ils ne parviennent à sortir de leurs perpétuelles contradictions. La majorité n'est après tout qu'une nouvelle puissance supérieure, dont il faut bon gré mal gré reconnaître ou supporter l'autorité. La volonté de la pluralité n'est assurément pas la volonté générale, et la raison d'autrui n'est pas la raison propre. Le simple citoyen ne peut être appelé libre et indépendant dès qu'il est forcé de se soumettre à la majorité des autres, et il est absurde de soutenir avec Rousseau que la volonté d'autrui, en contradiction avec la mienne, n'en est pas moins ma propre volonté. Cependant, le bon sens et l'expérience expliquent le problème en deux mots: Dans tous les rapports sociaux, l'homme dépend par ses besoins des hommes plus puissants que lui; et dans les communautés libres, la puissance est l'apanage de la majorité. La majorité à son tour est soumise à la loi de justice éternelle, et cette loi lui défend d'exercer son pouvoir contre les droits et les intérêts privés de la minorité. Ajoutons à cela que chaque citoyen en se retirant de l'association peut se soustraire à cette domination collective comme à toute autre.

En général, cette subtile question s'éclaircit au mieux par le dilemme suivant : à défaut de l'unanimité, laquelle sans doute est toujours désirable, il faut nécessairement ou que la majorité l'emporte, ou que la minorité prévale, ou qu'aucune des deux ne puisse décider la question. La dernière de ces conséquences serait absurde, parce que dans ce cas la corporation, ne pouvant plus manifester aucune volonté, ni prendre une résolution quelconque, serait virtuellement opprimée et anéantie. La seconde hypothèse serait impossible dans l'exécution. Car la pluralité ne souffrirait pas la domination de la partie la plus faible; elle chercherait à faire exécuter sa volonté par la force, et il s'ensuivrait une lutte dans laquelle la minorité ne pourrait que succomber ou se trouverait dans la nécessité de céder ou de se retirer de la société. Il ne reste donc d'autre choix que celui de laisser la décision à la majorité, que sa décision soit ou non la plus sage et la plus utile. Si ces qualités manquent à la résolution, c'est preuve de l'imperfection attachée à une volonté commune, aussi bien qu'aux volontés individuelles.

Mais comment la majorité se forme-t-elle? De différentes manières, car elle est de plusieurs sortes et de plusieurs degrés. Et d'abord il convient de faire une distinction entre la majorité de tous les membres d'une communauté, qu'ils soient présents ou absents de l'assemblée, et entre la majorité de ceux qui y assistent. La première peut, il est vrai, être prescrite par des statuts particuliers, pour les cas d'une haute importance; mais jamais elle ne s'entend par elle-même. Dans la plupart des cas, elle serait impraticable et empêcherait toute résolution quelconque. Aussi n'est-ce que de nos jours qu'elle a été requise par des factions révolutionnaires, afin de pouvoir compter en leur faveur tous ceux qui, par paresse, par indifférence ou même par aversion notoire, s'abstenaient de voter (1).

(1) En France après 1793, comme en Suisse après 1830, on décréta que les nouvelles constitutions devaient être acceptées par la majorité des citoyens actifs ; mais on déclara tout de suite après que les absents qui ne pourraient ou ne voudraient pas voter, seraient comptés parmi les acceptants. La mesure était prudente, car elle assurait la majorité aux futurs proconsuls. Dans d'autres républiques, on disait à certains collèges électoraux : Nous vous donnons le droit de révoquer les députés que vous avez nommés dans la dernière élection ; mais le vote devra réunir les suffrages des citoyens présents et des absents. Ainsi l'unanimité peut révoquer des députés nommés précédemment à la simple majorité dans le même cercle : amère dérision !

Aussi qu'arrivait-il ? Au lieu de quatre ou cinq cents électeurs, quatre ou cinq se présentaient au scrutin ! Le principe : *Absentes consentire videntur*, est vrai en général ; mais il s'entend d'une décision votée, et non d'un projet en votation.

La majorité des membres présents à l'assemblée est donc la plus habituelle. Elle s'entend de droit naturel et n'a pas besoin d'être prescrite pas des lois positives. Car la corporation n'existe, en réalité, que là où ses membres sont régulièrement assemblés. Dès que la lettre de convocation a été adressée à tous, ceux qui ne jugent pas à propos de s'y rendre, et qui ne veulent ni exercer leur droit ni accomplir leur devoir, sont raisonnablement censés vouloir laisser aux membres présents à l'assemblée la décision des affaires. Les absents ne s'étant prononcés ni pour ni contre telle ou telle opinion, leurs votes ne peuvent être comptés; leur volonté ne s'étant pas manifestée, ne peut être connue, et aucun des deux partis n'a le droit de la présumer ou de l'interpréter en sa faveur. La majorité réelle, celle des votants, à l'exclusion des non-votants, se subdivise en deux sortes de majorités: la majorité absolue et la majorité relative. La majorité absolue est la moitié plus une, et partant de ce point, elle peut s'élever graduellement jusqu'à l'unanimité. La majorité relative, au contraire, consiste en ce que, entre trois ou quatre avis différents, ou bien, en matière d'élection, entre plusieurs candidats proposés, aucun ne réunit à lui seul la majorité absolue des votants, mais que l'un d'eux obtient cependant plus de voix qu'aucun des autres.

Mais nous croyons que la majorité absolue est la seule véritable ou réelle. Elle est aussi la seule légitime et la plus communément admise. Elle seule a la force nécessaire pour faire respecter sa volonté, et seule aussi, elle peut raisonnablement exiger que les autres partis s'y soumettent. La majorité relative, en apparence plus économe du temps, peut par ce motif avoir été quelquefois préférée; mais elle est, par sa nature, vicieuse et donne lieu aux plus graves abus. Car lorsqu'il s'agit d'un grand nombre d'opinions divergentes ou d'élections contestées, il devient facile à une faction très-peu nombreuse, mais étroitement liée, de faire prévaloir sa volonté et de porter ses amis aux emplois les plus éminents. Cette pluralité relative n'est qu'une majorité apparente et constitue de fait une minorité réelle.

Souvent les républiques établissent des statuts en vertu desquels l'on exige, pour des objets de très-haute importance, *une majorité plus grande que* celle de la pluralité, par exemple celle des deux tiers ou des trois quarts des membres présents à l'Assemblée. On pourrait élever, il est vrai, contre cette majorité supérieure une objection assez spécieuse : c'est que dans les cas où une proposition obtiendrait la majorité des voix, mais non point les deux tiers ou les trois quarts requis c'est la minorité qui décide, attendu que par son vote négatif, elle empêche la volonté de la majorité de prévaloir. Mais d'abord, il faut remarquer que cette espèce de majorité, ne s'entendant jamais d'elle-même, se fonde sur des statuts votés d'avance à une grande majorité, ou même à l'unanimité des membres de la société et par conséquent, qu'elle est réellement une loi que l'association s'est elle-même imposée, afin d'obvier à des résolutions trop précipitées qui tourneraient à son propre détriment. Il dépend d'elle d'abroger cette loi; mais tant qu'elle existe, elle doit être considérée comme l'expression de la volonté toujours subsistante de l'association; et, à ce titre, elle doit être observée.

De pareilles lois sont toujours portées dans l'intérêt de la paix et de la concorde. Elles ont pour objet de se rapprocher de plus en plus de l'idéal de l'unanimité; de rendre plus évidente la supériorité du parti qui approuve quelque projet nouveau; de donner plus de poids à la résolution admise, et de faciliter son exécution de la part des membres absents ou qui n'ont pas concouru au vote. Car, dans les affaires capitales, une complaisance amiable et réciproque en des matières secondaires ou en des conflits inévitables constitue le principe conservateur des républiques; tandis que la discorde et les mutuelles animosités sont la cause la plus active de leur ruine.

Mais jusqu'où s'étend la puissance de la majorité?

N'a-t-elle pas aussi des limites naturelles et légitimes? Oui certes, elle en a, et l'on doit proclamer ce principe d'autant plus haut, qu'il est aisément méconnu et violé par les républiques. Or, aucune tyrannie n'est plus effroyable que celle qui est exercée par une multitude aux mille têtes.

La majorité, comme suprême puissance, est, il est vrai, seigneur et roi dans une république; mais un roi a aussi des devoirs naturels ou de convention qu'il ne peut légitimement transgresser; et de même aussi, tout membre d'une communauté dont la volonté personnelle concourt à la formation de la volonté commune, est tenu, en émettant une opinion ou une proposition, de prendre pour règle non pas le vœu de la majorité (1), mais avant tout la justice et, pour autant que celle-ci admet de latitude, le véritable intérêt de la république.

Les limites du pouvoir légitime de la majorité, dans une république, sont donc strictement les mêmes que celles d'un prince individuel. Cette puissance ne règne de droit que sur sa chose propre, ou sur des choses licites. Elle a, au-dessus d'elle, les lois de la justice qui

(1) Tu ne suivras pas la multitude pour faire le mal, et en jugement tu ne te joindras pas à l'opinion du plus grand nombre pour dévier de la vérité. Exode XXIII, 2.

lui commandent le respect des droits d'autrui, soit natifs, soit légitimement acquis.

La majorité, en un mot, n'a d'autorité légitime que sur les affaires communes de la corporation tout entière, *et non pas sur les droits privés de ses membres.*

A la vérité, des collisions peuvent surgir lorsque les droits et les intérêts de la république s'entre-choquent et ne peuvent subsister en même temps avec les droits privés des simples citoyens.

Dans de tels cas, la faiblesse cède au plus fort, en sacrifiant quelques-uns de ses droits; il peut en trouver la compensation en d'autres avantages communs. Toutefois, de pareils conflits sont fort rares, et il est facile de les arranger soit par la contrainte indirecte de la rétorsion, c'est-à-dire de la privation d'avantages ou de bons procédés réciproques, soit par des pactes et des compositions amiables. La vérité de cette règle de droit, que le pouvoir de la majorité ne s'étend pas sur les droits personnels des citoyens, est confirmée par l'expérience, puisque, généralement parlant, elle est partout reconnue et suivie dans la pratique. Déjà, dans les communautés privées, un sociétaire ne manquerait pas d'adresser ses plaintes au juge si une décision de la majorité venait à le léser dans ses droits. Or, suivant le cours ordinaire et régulier des choses, des abus de cette nature ne se produisent pas non plus au sein des républiques indépendantes.

La même règle sert aussi à résoudre des questions bien plus graves, sur lesquelles pourraient facilement s'élever des doutes. Ainsi, par exemple, *la majorité des votes ne peut de droit dissoudre l'association*, bien qu'il lui soit loisible d'en sortir. Car les opposants, fussent-ils même en petit nombre, conservent toujours la faculté de maintenir la société entre eux. Les en empêcher équivaudrait à une expulsion forcée et serait une atteinte manifeste à leur liberté. Il n'existe d'ailleurs en pareil cas aucune collision de droits où l'un ou l'autre parti doive nécessairement céder. Car les droits des sortants peuvent fort bien coexister avec ceux des restants. Il faut donc, pour la dissolution d'une société, la même unanimité de voix qu'il a fallu pour la fonder. Or, une pareille unanimité, espèce de suicide politique, n'est guère à présumer de la part des communautés libres et indépendantes. Aussi, n'a-t-on jamais vu une républiquese dissoudre et s'anéantir par la libre volonté de ses membres. Toutes, au contraire, n'ont été détruites que par la supériorité de forces soit étrangères, soit intérieures. On a vu, il est vrai, dans les temps modernes, à une époque de troubles et de violences, au milieu du renversement de tout droit et de toute justice, des gouvernements républicains déposer leur pouvoir, portant ainsi le coup de mort à la communauté (1).

Tout le monde voit la nullité de ces abdications, car ces gouvernements n'étaient ni les maîtres, ni les souverains, ni les arbitres de l'Etat, mais seulement ses préposés, ses représentants.

En face du péril suprême, dans l'impossibilité ou l'inutilité de la résistance, que devaient faire ces magistrats? Ils devaient céder à la force courageusement, en protestant avec toute l'énergie du patriotisme contre l'injustice et la violence. Du moins auraient-ils, par cette noble conduite, appelé des jours meilleurs, sauvé l'honneur et porté dans la retraite la satisfaction du devoir accompli.

(1) Venise et Gênes en 1797; les villes libres de Zurich, Berne, Fribourg, Soleure, en 1798.

CHAPITRE IX

CONTINUATION. LIBERTÉ CONSTANTE ET TOUJOURS ÉGALE DE LA RÉPUBLIQUE.

Il faut maintenant expliquer une autre règle souvent méconnue, mais toujours inviolable, des républiques. Cette règle la voici : Les sociétés souveraines, indépendantes, sans supérieur, demeurent *de droit et en tout temps aussi libres, aussi indépendantes, qu'elles l'avaient été auparavant.* Les successeurs jouissent d'autant de droits que leurs prédécesseurs, et la communauté dont les membres se remplacent successivement, constitue toujours la même personne morale. Ainsi qu'un seigneur individuel, elle peut, suivant les circonstances, changer sa volonté autant que par ce changement elle ne blesse pas des droits d'autrui. Sa volonté demeure, sous cette seule réserve, toujours légale, ou pour mieux dire elle est la loi même. Car la puissance suprême réside dans l'ensemble de la communauté. Au-dessus d'elle il n'y a d'autre règle que le droit naturel, ou la loi divine, qui lui impose tous les devoirs nécessaires, et ne lui en prescrit pas un qui soit inutile ou superflu. C'est pourquoi la communauté est, à la vérité, comme tout autre seigneur, liée par les pactes et par les promesses de ses prédécesseurs, non pas en vertu de la volonté de ceux-ci, mais parce que de tels pactes ont conféré à des tiers des droits qu'on ne saurait violer sans injustice. Par contre, une communauté n'est pas tenue de s'assujettir aux lois ou aux statuts que ses prédécesseurs s'étaient imposés à eux-mêmes, ou qu'ils avaient imposés à d'autres.

Au contraire, elle a le droit de les modifier, de les interpréter, de les abroger, d'en dispenser et de les remplacer par d'autres lois, suivant qu'elle le juge à propos et conforme à ses intérêts. Aussi voit-on par l'histoire des républiques, que souvent des statuts et des décrets anciens y ont été abrogés ou modifiés. Il est vrai que tous les législateurs, depuis Solon jusqu'à nos modernes philosophes révolutionnaires, veulent et prétendent que leurs lois ne puissent être changées; et il n'en est pas un seul qui, à cet effet, n'ait imaginé mille entraves diverses, au moyen desquelles il croyait enchaîner ses successeurs. C'est là une conséquence de l'amour-propre humain, qui se juge lui-même infaillible, et de cette secrète avidité du pouvoir, qui prétend assujettir à sa volonté non-seulement les contemporains, mais aussi les générations futures. Ces hommes ne songeaient pas que si les lois sont bonnes, et que l'expérience confirme leur utilité, elles se maintiendront d'elles-mêmes ; mais qu'en cas contraire rien ne saurait empêcher leur suppression. Solon demandait aux Athéniens de conserver ses lois intactes, au moins jusqu'à son retour d'un voyage qu'il allait entreprendre, et lorsqu'il eut obtenu cette promesse, il s'exila lui-même et ne revint plus dans sa patrie. D'autres prononcèrent d'avance des peines contre ceux qui se permettraient seulement de conseiller l'abrogation de leurs lois, ou bien ils statuèrent que pareille question ne pourrait jamais être mise en délibération.

D'autres encore ne permirent la révision de leurs lois qu'à de certaines époques éloignées les unes des autres par de longs intervalles, et sous la réserve de formalités tellement compliquées, que des générations entières auraient pu périr avant que ces conditions eussent pu être remplies. Les philosophes révolutionnaires de nos jours, tout en déclarant le peuple souverain, sont allés plus loin encore : distinguant le pouvoir constituant et le pouvoir constitué, ils décidaient d'autorité que, selon la nature des choses, le premier ne pouvait se réunir qu'une fois dans la république, au commencement, et que le dernier était légitimement et rigoureusement circonscrit dans les bornes de la constitution votée, sans qu'il lui fût permis d'y changer un seul mot contraire aux lois naturelles, contraire à la justice, contraire à la prudence, à la vraie politique, à la liberté ; toutes ces prescriptions se sont brisées les unes après les autres dans la pratique contre la pierre angulaire de l'expérience. Courber une longue postérité sous des lois humaines, c'est faire des vivants les esclaves des morts; esclavage d'autant plus absurde qu'il n'est plus compensé par aucun avantage réciproque. Et de quelle autorité les prédécesseurs et les défunts pourraient-ils imposer leur volonté aux générations futures, et les enchaîner à des lois qui, vicieuses peut-être dès le principe, sont devenues impraticables par le changement des mœurs, des temps, des circonstances?

De pareilles lois renferment les plus grands périls, et se prêtent à d'autant plus d'inconvénients que leurs auteurs, sortis de ce monde, ne peuvent les expliquer ni les interpréter, les modifier ni les suspendre par dispense.

Les lois naturelles et divines sont les seules qui soient obligatoires partout et toujours; les lois humaines au contraire, n'étant que des voies tracées pour arriver à tel ou tel but, que des moyens disposés pour amener tel ou tel effet, elles doivent céder la place et disparaître sans retour, quand l'effet est obtenu, le terme atteint, ou quand il se présente une voie plus courte, un moyen plus sûr conduisant au même résultat. Maintenir des ordonnances usées, surannées, d'un autre âge, ce serait sacrifier le fond à la forme, l'esprit à la lettre, la vie à la mort.

La distinction entre le pouvoir constituant et le pouvoir constitué est absurde, dès qu'on l'applique à la corporation indépendante tout entière. Celle-ci étant à la fois l'un et l'autre, si on limite cette distinction aux représentants choisis et délégués, elle aura bien quelque apparence de réalité, mais n'en demeurera pas moins funeste et impraticable. Car en ce cas, il s'élèvera nécessairement des contestations interminables sur ce qui est ou n'est pas de l'essence de la constitution (1) ; sur ce qu'elle prescrit ou ne prescrit pas ; sur ce qu'elle ordonne ou défend ; enfin, si on peut l'interpréter de telle ou telle manière (2).

Or, dès qu'en pareil cas la communauté tout entière,

---

(1) Nos faiseurs de constitutions modernes ont une admirable habileté : tantôt ils érigent en statuts des choses insignifiantes, mais utiles à leur intérêt : tantôt ils passent sous silence les points les plus essentiels, parce qu'ils n'y entendent rien. Ils tiennent en réserve une formule générale pour ces sortes de cas : « La loi règle, détermine, disent-ils, tel ou tel objet, tel ou tel droit, telle ou telle liberté. »

(2) Voyez vol. 1, chap. IX, ce qui s'est passé dans l'Assemblée législative de France.

dite constituante, ne peut être ni assemblée, ni interrogée, il faudra bien que l'assemblée de ses délégués remplace la communauté, ou la représente en ce point comme en tout autre.

Dans toutes les relations sociales quelconques, il faut nécessairement qu'il existe quelque part une autorité suprême, qui puisse abroger des lois existantes, les modifier et les interpréter d'une manière authentique. Or, cette autorité ne peut résider dans une lettre morte, mais elle doit appartenir à un pouvoir vivant, doué d'intelligence, de volonté et de force. A défaut d'une pareille autorité, les chaînes de papier ne tarderont pas à être rompues, et dans ce cas il arrive communément que les institutions viennent à être tumultueusement renversées. Une contrainte injuste engendre toujours une licence effrénée, de même que le fleuve arrêté dans son cours brise les digues et détruit tout sur son passage.

Voulez-vous, au contraire, affermir les lois dans l'opinion publique, leur concilier l'estime et l'obéissance des peuples : posez le principe de leur amélioralion constantes et de leur abrogation ; puis décrétez qu'elles seront révisées, corrigées, abolies selon des règlements sages, par une assemblée nombreuse, à de rares époques, après de longues discussions reprises dans plusieurs débats. Alors, mais seulement alors, les lois obtiendront ce respect et cette auréole de sainteté qui ne sont nulle part plus nécessaires que dans les républiques, mais qui, loin de pouvoir résulter d'une contrainte odieuse, ne reposent que sur l'autorité des ancêtres, sur l'épreuve d'une longue expérience et sur le libre et commun assentiment de plusieurs générations successives.

Au surplus, tout le monde comprend que les lois anciennes et les anciens statuts restent en vigueur et conservent leur force obligatoire, tant qu'ils n'ont pas été formellement abrogés ou modifiés par une majorité légale. Comme la corporation demeure toujours la même, et que ses membres ne se renouvellent que successivement et d'une manière imperceptible, le silence des successeurs et l'observation par eux des lois existantes doivent à juste titre être considérés comme la preuve de leur adhésion permanente aux anciennes lois. D'autre part, c'est un principe reconnu dans la république comme dans la monarchie, que la volonté du souverain demeure invariable et constante, aussi longtemps qu'il n'a pas exprimé la volonté contraire.

CHAPITRE X

CONTINUATION. DIGNITÉ DES MAGISTRATS DE LA RÉPUBLIQUE.

Il existe entre les magistrats d'une république et la corporation souveraine, ou en d'autres termes, entre les petits conseils dirigeants et les grands conseils ou la libre communauté elle-même, un double rapport qu'on a rarement bien connu et apprécié. D'une part, ces magistrats sont bien en quelque façon les serviteurs et les fonctionnaires de toute l'association ; ils doivent au moins se considérer toujours comme tels dans leurs actions. Communément ils sont nommés, salariés, et munis d'instructions par la corporation, comme le ministre l'est par le monarque. Ils lui prêtent le serment de n'employer leur pouvoir qu'au bénéfice général de la société, et non à leur avantage particulier. Les voilà à cet égard, nous devons le redire, fonctionnaires et serviteurs du souverain collectif dans la communauté libre, ainsi que les ministres et les employés le sont du souverain individuel dans la monarchie.

Mais les préposés de la république échappent, sous

d'autres aspects, à la condition de serviteurs, et se distinguent ainsi des préposés de la monarchie par des différences fondamentales. Les magistrats d'une communauté indépendante participent eux-mêmes à la seigneurie collective; les ministres d'un roi, au contraire, n'ont aucune part immédiate aux droits, aux propriétés, au pouvoir du souverain. Les premiers ont le droit d'assister aux délibérations publiques dans toutes les affaires, de défendre leur opinion par tous les moyens de l'éloquence, et d'émettre des votes; les seconds, serviteurs d'un maître, ont seulement le droit de supplique, de représentation, de conseils qui n'ont, il est vrai, aucun poids par eux-mêmes et n'ont d'autorité que par la volonté d'un autre. Il y a plus : quoique dans les assemblées générales, la voix des magistrats n'ait légalement pas plus de valeur que celle de tout autre citoyen, elle a cependant, en tant qu'elle manifeste l'opinion des premiers et des principaux citoyens, de ceux qui sont initiés aux affaires et entourés de la considération générale, un si grand poids, du moins dans l'état normal d'une république, qu'elle entraîne communément le vote général. En second lieu, les magistrats républicains n'ont, dans la plupart des cas, c'est-à-dire dans l'expédition des affaires courantes et souvent même importantes du gouvernement, *aucune autorité supérieure au-dessus d'eux*, attendu que la corporation souveraine ne peut et ne veut pas être continuellement assemblée. Ils disposent de beaucoup de fonds de la république; ils nomment à un grand nombre de places et d'emplois; ils peuvent récompenser ou punir; ils jouissent du pouvoir, des faveurs et des grâces, et règnent individuellement sur ceux même qui, collectivement et unis à eux, sont leur maître; au lieu que le ministre d'un prince a toujours au-dessus de lui un supérieur, sur lequel il ne peut jamais exercer aucun pouvoir direct, et duquel il reçoit ses ordres et ses instructions.

Il est digne de remarquer, en effet, qu'en style de chancellerie, les magistrats ou les conseils dirigeants des républiques ne sont jamais appelés des serviteurs, tandis que ce mot est usuel lorsqu'il s'agit des principaux fonctionnaires d'un prince. Les premiers portent le titre de *magistrats*, de *préposés anciens*, de *sénateurs*, de *savii*, de *conseillers* et de *chefs honoraires*; autant de dénominations qui démontrent clairement que de tels magistrats ne sont ni des seigneurs complets, ni de simples serviteurs, mais qu'ils sont les premiers en rang parmi leurs concitoyens; des collègues choisis, investis d'une confiance particulière et de la majeure partie du pouvoir suprême.

D'autres faits, plus ou moins curieux, s'expliquent encore par cette haute position des magistats républicains, telle que nous l'avons expliquée tout à l'heure. Il en résulte, par exemple, que la noblesse dite *patricienne*, fondée sur la possession des hautes dignités de la république, s'élève dans l'estime des peuples, — la puissance nationale et le mérite individuel étant les mêmes, — à la hauteur, voire au-dessus de la noblesse ministérielle, celle-ci résultant des fonctions éminentes conférées par les princes. On comprend d'après cela, que le chef et le corps entier d'un gouvernement républicain prennent rang, dans les assemblées et les conférences internationales, avant les ministres ou serviteurs d'un prince; car les premiers, membres d'un corps indépendant et libre, ont une partie du pouvoir souverain, tandis que les derniers restent, sous l'habit galonné du représentant royal serviteurs et sujets. Est-il besoin de dire au contraire, que le chef d'un État monarchique a la préséance, si restreint que puisse être son territoire, sur le chef ou le conseil dirigeant d'un Etat républicain? Le prince règne en son nom, il est souverain personnellement, tandis que le magistrat populaire gouverne au nom de la corporation; ce qui établit une distinction réelle entre les deux pouvoirs.

Le respect extérieur que l'on accorde aux hommes se mesure sur leur dignité et leur élévation. Or il est plus digne et plus grand d'être indépendant seul, que de l'être avec plusieurs; de gouverner en son nom, que de commander au nom d'autrui; de tenir le pouvoir de soi-même, que de l'avoir reçu de la multitude.

CHAPITRE XI

CONTINUATION. DES BIENS DE LA RÉPUBLIQUE.

La notion d'une communauté formant une personne unique, morale, collective, en d'autres termes, l'idée d'une association se perpétuant par l'admission de nouveaux membres, et poursuivant une fin commune et permanente, engendre une autre règle fondamentale dans le droit républicain. Cette règle peut se formuler ainsi : « *Les biens de la république appartiennent à la communauté tout entière et ne peuvent être employés que pour l'accomplissement du but qu'elle se propose.* »

Avant d'aller plus loin, nous devons rappeler la distinction que nous avons faite ailleurs, entre les communautés proprement dites et les simples sociétés de commerce, d'industrie, de crédit, etc. Les sociétés de crédit, d'industrie, de commerce, n'ont pas une fin permanente, mais passagère, et leurs biens se composent des capitaux ou valeurs apportés par les sociétaires à titre de cotisations ou d'actions, soit égales soit inégales. Ces biens restent toujours la propriété privée de chaque membre, et ils ne doivent être administrés que temporairement en commun, dans l'intérêt de tous. Lors donc qu'un associé veut sortir de la compagnie, il a le droit de réclamer ses apports ou sa mise de fonds, d'autant plus que cette clause est ordinairement formulée dans l'acte social. Les communautés véritables, au contraire, malgré le changement continuel de leurs membres, restent les mêmes comme corps social. Leur fortune ne vient pas d'actions ou de dépôts particuliers, mais d'immeubles ou de capitaux acquis en commun. Ces biens sont la propriété de l'être collectif; ils constituent de quelque manière une substitution permanente, un fidéi-commis perpétuel, non-seulement pour le présent, mais encore pour l'avenir. Les bénéficiaires et les chefs actuels de la société en sont les administrateurs et les usufruitiers viagers.

De là suivent trois principes, qu'il faut expliquer en peu de mots. Voici le premier : « *Les fonds communs ne peuvent être détournés des fins de la communauté.* » Ainsi, les dotations des églises, des hôpitaux, des établissements de charité et des écoles, doivent être uniquement employées pour l'entretien du culte religieux, pour le soulagement des malades, pour le soutien des pauvres et pour l'éducation de la jeunesse. Les fondations de famille, les biens des ordres militaires, des monastères, des communes, des maîtrises et des jurandes ont de même leur emploi rigoureusement marqué par les intérêts de ces corporations.

Les républiques proprement dites ne sont pas liées par une règle moins sévère dans la dispensation des finances communes. Toutefois, lorsqu'elles jouissent d'une entière indépendance, quand elles ont à la fois plusieurs fins diverses, et que leurs statuts restent à l'abri de toute atteinte, on doit généralement regarder comme légitimes les allocations qu'elles font, suivant les formes légales, des fonds publics.

Le deuxième principe est celui-ci : « *Les sociétaires sortants ne peuvent réclamer aucune part du fonds social.* » La raison de cela, nous l'avons déjà donnée, c'est que les biens communs ne sont pas la propriété des individus, mais de la corporation qui, malgré la perte et la mort de ses membres, subsiste immortelle et sans atteinte, demeurant toujours la même personne civile. D'ordinaire et surtout à l'origine, les aggrégés n'apportent rien dans le trésor : pourquoi donc devraient-ils en remporter une restitution ? Et lors même qu'au moment de son entrée, le récipiendaire aurait fourni une certaine somme, ce n'était point un prix d'achat, mais un don volontaire, constatant l'honneur de son admission. Cette contribution, d'ailleurs, n'a jamais été mesurée proportionnellement sur la fortune collective, et ne pouvait dès lors lui donner aucun droit sur ce bien. Ce principe de droit s'impose avec tant d'empire à la raison, que les législateurs ont toujours regardé comme inutile de le sanctionner par une loi positive. C'est pourquoi l'expérience nous démontre que jamais aucun citoyen sortant d'une communauté villageoise, d'une ville, d'une république ou d'une autre corporation, soit religieuse, soit séculière, n'a reçu une part quelconque du bien commun, ni qu'elle ait pu être exigée par les héritiers d'un membre défunt. Et si de nos jours des idées erronées ont surgi à cet égard, si quelques faits contraires se sont produits, il ne faut l'attribuer qu'au bouleversement de notre état social, à la guerre déclarée à toutes les existences antiques et stables, et à la tendance de transformer tous les biens de la terre en propriétés privées, absolues, perpétuellement mobiles et livrées à l'égoïsme individuel. Enfin, la crainte qu'inspiraient ces principes subversifs a pu suggérer aux membres de certaines corporations l'idée de partage et de restitution partielle, afin de se soustraire par là au pillage extérieur et de sauver au moins quelques parcelles de la fortune commune.

Reste le troisième et dernier principe. Enonçons-le : « *Les biens de la république ne peuvent être partagés qu'à l'unanimité des suffrages.* » Le partage des biens communs dissoudrait la communauté, par le fait seul de ce partage ; or, nous avons vu précédemment que la majorité même ne peut en prononcer la dissolution. Sans doute, rien ne lui défend d'en sortir quand elle y trouve son avantage ; mais il ne lui est pas permis d'enlever aux membres de la minorité le droit de la continuer entre eux. Nous savons aussi que la fortune publique n'est la propriété ni d'un, ni de plusieurs, mais qu'elle appartient à la société considérée dans son ensemble, donc, plusieurs ne peuvent en demander le partage pas plus qu'un seul : cette prérogative revient par l'unanimité des votes au corps social qui, répétons-le, reste immuablement la même personne morale, au milieu des changements continuels qui s'accomplissent dans ses membres.

Que l'on jette un coup d'œil sur l'histoire, on verra que toutes les communautés véritables, anciennes familles, tribus, bourgeoisies, communes, paroisses, monastères, républiques, ont toujours repoussé comme un suicide le partage de leurs biens, et jamais elles ne l'ont cru légitime sans l'assentiment ou le consentement unanime de leurs membres. Ce n'est que de nos jours que quelques corporations se sont écartées de cette règle, en procédant par simple décret de majorité au partage des biens communs, et même à la dissolution de la société elle-même. Mais de pareilles mesures n'ont jamais été approuvées ni érigées en règle générale ; l'on n'y avait recours qu'afin de choisir le moindre mal entre deux maux inévitables, et de prévenir ainsi une spoliation que d'autres actes de violence faisaient prévoir. Et lorsque la minorité ne faisait point opposition, surtout lorsqu'elle acceptait sa part proportionnelle, on présumait avec droit son consentement, si bien que le partage se faisait encore à l'unanimité.

CHAPITRE XII

SUITE. — DE L'IMPOT.

La règle que nous abordons, à savoir qu'une république a le droit d'exiger de ses membres (mais de ceux-ci seulement (autant de subsides ou de contributions qu'elle juge nécessaire aux besoins de la chose publique, paraît, au premier coup d'œil, dure et oppressive; mais elle découle nécessairement de la nature d'une communauté. Ce droit se fonde sur ce que, en pareil cas, il existe toujours consentement formel ou présumé tel, à l'exclusion de toute contrainte. En effet, ce sont les membres de la communauté qui s'imposent eux-mêmes. Ils ne disposent que de leurs propres biens, pour leurs propres intérêts; de sorte qu'ils ne peuvent pas plus se plaindre de ces contributions, que de toute autre charge dépendante de leur libre volonté. Et lors même que la contribution n'eût été décrétée que par la pluralité des voix, la minorité ne peut s'y soustraire qu'en renonçant à son droit de cité.

Si la minorité ne fait point usage de ce droit, elle

prouve par là-même, qu'elle cède à la volonté du plus grand nombre, et que, par conséquent, elle a consenti postérieurement au décret. Car elle ne saurait raisonnablement exiger de partager aux bénéfices de l'association sans en porter les charges.

Sans doute, la prudence exige qu'une république n'use que rarement du droit d'imposition, de peur d'effaroucher les citoyens pauvres et de les engager à se retirer de la communanté. Mais ce droit en lui-même ne peut lui être contesté, et dans le fait, il est reconnu et au besoin exercé dans toutes les communautés privées, aussi bien que dans les républiques souveraines.

Mais si la république peut imposer ses membres, elle n'a pas le droit de charger ses sujets d'impositions directes; *ses sujets*, par opposition à *ses membres*. Vous avez remarqué la différence d'expressions; il s'agit des populations qui habitent son territoire sous la protection de ses lois, sans participer à la souveraineté ni à la chose publique. Eh bien, ces simples habitants sont liés sans doute par les devoirs naturels qui rapprochent l'homme de l'homme, et par les engagements positifs qu'ils ont contractés; mais personne ne peut les soumettre aux charges de la société, puisqu'ils n'en partagent pas les avantages. L'autorité collective et l'autorité individuelle ont les mêmes droits et les mêmes limites (1); donc la république n'a ni par sa souveraineté, ni par sa grandeur, ni par sa puissance, ni par ses possessions territoriales, aucun droit sur les biens de ses sujets. Une chose qu'on peut néanmoins lui accorder, c'est d'imposer à ses ennemis vaincus des tributs annuels, soit comme condition de paix, soit comme indemnité de guerre, soit comme rançon de plus grands maux. Mais cette exception est plus apparente que réelle; car les réquisitions militaires diffèrent essentiellement des impositions proprement dites; d'autant plus qu'une fois fixées, elles n'admettent point d'augmentation dans la suite.

Dans les jours de crises et de dangers, lorsque la guerre s'annonce à l'horizon par exemple, la communauté dominante peut chercher de l'appui dans le peuple qui lui est soumis; mais l'assistance doit être demandée comme un service gratuit, et librement consentie.

L'assistance doit être demandée à qui? Non point à chaque individu, mais aux personnes libres, c'est-à-dire aux chefs de famille, aux communes, aux corporations qui relèvent immédiatement de l'autorité souveraine, sans autre rapport de dépendance. La république peut donc avoir, comme la monarchie, des

(1) Voir vol. II.

États provinciaux légitimes, composés des mêmes éléments que ceux de la monarchie ; seulement elle les réunit à de plus longs intervalles, parce qu'elle a moins souvent besoin de leur secours. Inutile d'ajouter qu'elle doit aussi maintenir en faveur du trésor, dans les provinces soumises, les redevances de droit privé, telles que les dîmes, les rentes foncières, les revenus des domaines, les droits régaliens, etc.

Maintenant, si l'on demandait la preuve de notre proposition, que la république ne peut, par voie d'autorité, frapper ses sujets de contributions directes, il nous serait facile de la donner. Les corporations privées n'exigent point de contributions de leurs subordonnés. A Rome, dans les derniers temps de la république, on obligeait les étrangers à recevoir le droit de cité pour les soumettre à l'impôt et les forcer au service militaire, abus par lequel on prétendait éluder la règle, mais qui ne prouvait pas moins que l'on ne croyait pouvoir exiger de pareils sacrifices que des seuls citoyens (1). Les républiques du moyen-âge, comme les villes libres de l'Italie, de la Suisse et de l'Allemagne, ont toujours respecté scrupuleusement cette immunité imprescriptible, ne faisant jamais aucun appel obligatoire à la bourse des simples domiciliés. Pour ne citer qu'un petit

(1) Voyez Roth, *De re municipali Romanorum*. 1801, 8.

nombre de faits, quand la ville de Zurich et celle de Berne faisaient la guerre, ou qu'elles achetaient des terres et des seigneuries, les citoyens seuls comblaient le vide de la caisse commune (1). Même principe d'économie publique et de justice distributive à Lucerne, lors du rachat des terres engagées et dans l'acquisition du comté de Wilisau (2). Les impôts de toute espèce n'ont commencé à être introduits en Suisse que depuis la révolution, par suite de la dilapidation de la fortune publique, et de la fiction révolutionnaire en vertu de laquelle tous les habitants du territoire sont déclarés citoyens, tandis qu'ils ne le sont ni de droit ni de fait.

La république peut donc établir l'impôt sur ses membres, mais comment? Selon les principes de la république, l'impôt doit être établi égal pour tous, par conséquent proportionné non pas à la fortune des contribuables, mais à leur participation à la chose publique ; car les avantages et les désavantages doivent se peser à la même balance : *Eadem debet esse ratio commodi et incommodi.* Ce principe, quoique fort opposé à la pratique de nos jours et même à la plupart des doctrines modernes en matière de droit politique, n'en découle pas moins de la nature des

(1) Jean de Muller, *Histoire des Suisses*. T. II, p. 299.
(2) Balthasar, *Cinq siècles politiques*, p. 12.

choses; aussi est-il, généralement parlant, reconnu et suivi dans toutes les corporations quelconques. A qui, par exemple, viendrait-il à l'esprit de taxer les membres d'une société de lecture, d'une association scientifique, ou d'une compagnie formée en vue de quelque divertissement, en proportion de leur fortune et non pas en proportion des avantages que leur offre l'agrégation à cette société? Cela ne serait pas moins injuste que si l'on prétendait fixer le prix des comestibles non d'après la valeur et le poids, mais d'après la fortune personnelle de l'acheteur. Eh bien, pourquoi ce qui est juste dans les communautés dépendantes d'une autorité supérieure, ne le serait pas dans les communautés politiquement souveraines? Qui jouit des avantages de l'égalité doit en supporter les charges, ou sinon sortir de la fédération.

Ce n'est donc pas la moindre des innombrables contradictions de nos philosophes modernes que, dans leurs républiques nouvellement créées, ils établissent l'égalité des avantages et l'inégalité des charges, prétendant accorder les premiers à tous les hommes et n'imposer les dernières qu'aux riches seuls. Un impôt modéré et égal pour tous les citoyens, que nous avons reconnu inadmissible dans les monarchies, répond au contraire parfaitement à l'idée de la république. En même temps qu'il augmente les ressources du trésor, il fait monter le niveau des âmes; il apprend aux pauvres qu'ils ont dans la société autant de droits que les riches, et aux riches qu'ils n'en ont pas plus que les pauvres; il relève la bassesse des petits et rabaisse la hauteur des grands; il nourrit dans tous le sentiment de la justice, l'amour de la patrie, le zèle de la liberté, le dévouement à la chose publique.

On élève contre ce principe de l'égalité des contributions civiques, et pour justifier les impôts inégaux répartis selon la fortune des citoyens, deux objections, dont l'une n'est pas plus fondée que l'autre. D'abord l'on répète en chœur cette espèce de raisonnement vulgaire : « Le riche a plus besoin de protection que le pauvre ; donc il occasionne plus de dépenses à l'Etat ; donc il doit payer davantage. » Il faudrait dire précisément le contraire, que le faible a plus besoin de protection que le fort. Les petites fortunes se gardent-elles plus facilement que les grandes? et un procès de mille francs n'est-il pas aussitôt jugé qu'un procès de vingt francs?

On dit ensuite : « Le riche peut donner plus que le pauvre, donc il doit payer davantage. » Mais c'est là un raisonnement qui convient à des mendiants et non point à des jurisconsultes; c'est un motif qu'on peut alléguer en réclamant des actes de charité, mais non point lorsqu'il est question de devoirs d'une stricte justice. Car la justice n'a point à connaître ce que chacun peut faire. L'homme riche pourrait faire bien d'autres choses encore, auxquelles cependant nul n'a le droit de le contraindre. Dès qu'il n'est que citoyen, et qu'à ce titre il ne jouit pas de plus grands avantages que les autres citoyens, il ne peut être tenu de payer plus qu'eux. De là, nous concluons que les impôts proportionnels à la fortune de chacun, soit qu'ils aient pour base un *quotient fixe et uniforme*, soit que l'on prétende les établir *sur le pied progressif* et suivant une classification arbitraire, sont inadmissibles aussi bien dans les républiques que dans les monarchies, à moins qu'ils ne soient individuellement consentis et librement acceptés par chaque contribuable.

Mais on nous objectera sans doute : si vous décrétez un impôt unique, fondé sur la même base, égal pour tous, vous serez contraint de l'abaisser au niveau des fortunes modiques; alors de quel poids sera-t-il dans la balance du budget? D'un poids léger, je l'accorde; d'un poids insuffisant, je le veux encore; mais les contributions directes ne sont pas, n'en déplaise aux politiqueurs du jour, la seule ressource des républiques. Les républiques doivent autant que possible, dans les temps ordinaires, vivre de leurs domaines et de leurs capitaux. Elles doivent régler leurs dépenses d'après leurs revenus et non leurs revenus d'après leurs dépenses. On ne saurait croire combien elles peuvent, par une administration sage et par une économie sévère, augmenter d'une part et réduire de l'autre ces deux chapitres du budget. Et si l'épargne n'établit pas l'équilibre entre les recettes et les dépenses, elles recourront aux contributions indirectes, dont nous avons montré sous certaines réserves la légitimité dans toutes les sortes de sociétés. Enfin, lorsque des dépenses extraordinaires, les frais de guerre, les contributions imposées par l'ennemi, l'acquisition de nouveaux domaines, le rachat d'obligations onéreuses, viennent épuiser les caisses publiques, il leur reste une ressource beaucoup plus grande qu'on ne pourrait le croire, je ne dis pas l'emprunt qui prépare un si bel avenir à l'Europe régénérée, mais les contributions volontaires, les dons gratuits.

Jamais l'on ne fit vainement appel au dévouement des citoyens, dans les véritables républiques. Quand les contributions, librement accordées par les citoyens, au lieu d'être imposées par la contrainte, sont employées sans détournement pour le bien de tous ; quand l'esprit public et les vertus sociales, la vénération des ancêtres et de l'autorité, l'amour de la famille et des descendants, se trouvent en présence des besoins du pays, une sainte émulation s'enflamme, et brûle de se signaler par des offrandes généreuses sur l'autel de la patrie.

On ne saurait calculer à quel point sont inépuisables les ressources qu'une république peut trouver dans la bonne volonté de ses citoyens, pourvu qu'elle sache l'exciter, et que les citoyens eux-mêmes soient réellement et vivement intéressés à la conservation de la chose publique.

CHAPITRE XIII

ORGANISATION DES RÉPUBLIQUES.

Pour mettre dans tout son jour le sujet que nous abordons, les constitutions politiques, nous devons parler de leur nécessité, de leur existence universelle, de leur but, de leur établissement, de leur objet, c'est-à-dire de leurs parties principales.

Lorsqu'un certain nombre d'hommes veulent former une société pour agir dans une fin générale, c'est-à-dire pour exprimer et faire exécuter leur volonté commune, ils doivent établir avant toutes choses des statuts qui puissent réunir les individus épars, les diriger vers le même terme, en faire une personne morale ou, comme on a coutume de dire, un corps vivant et agissant. Eh bien, c'est l'ensemble de ces lois que l'on appelle l'*organisation* ou la *constitution* de la chose publique. La première de ces dénominations, quelque peu prétentieuse, est empruntée aux corps organisés, que la nature a formé de parties diverses réunies en un tout organique. La seconde expression, plus modeste, est aussi plus juste, puisque ce n'est qu'en vertu de ses statuts que la société s'est en quelque sorte constituée, en se donnant une forme déterminée. C'est pourquoi l'on trouve de pareilles constitutions dans toutes les républiques et dans toutes les communautés privées, sans aucune exception. Il n'existe pas un village qui n'ait son règlement; pas une ville, pas un ordre religieux ou séculier, pas une seule société scientifique, pas de cercle social permanent, pas une tribu d'artisans, qui n'aient leurs statuts ou leurs lois fondamentales. Mais un principe qu'on ne saurait de nos jours entourer d'une trop grande lumière, c'est que les constitutions, nécessaires dans les associations politiquement libres, sont une superfluité, je voulais dire un non-sens, dans les sociétés placées sous la dépendance d'un maître. Ici le chef est établi par la nature avec tous ses pouvoirs et toutes ses prérogatives; il tient du suprême ordonnateur le droit, la force et les moyens de manifester sa volonté et de l'exécuter lui-même dans les limites de ses attributions légitimes.

On ne saurait dire qu'entre le père et ses enfants, entre le maître et ses serviteurs, entre le chef militaire et ses compagnons, ni entre les enfants, les serviteurs, ou les compagnons d'armes eux-mêmes, il existe une constitution. Aussi, même dans les républiques, la constitution détermine bien les rapports mutuels entre ses membres, mais elle ne règle pas les rapports de la corporation dominante avec ses sujets et ses vassaux. Il n'y a qu'une communauté ou une association qui ait besoin d'être artificiellement formée ou constituée par les hommes; parce que sans cette constitution elle n'existerait même pas. Un individu régnant, au contraire, tient, comme nous l'avons dit précédemment, son existence et son pouvoir de l'ordonnateur suprême. C'est par lui qu'il a été constitué et organisé avec une perfection admirable. Bien que, en vertu d'une multitude de liens divers, cet individu se trouve en rapports avec d'autres hommes, bien qu'il puisse compter sur leur assistance et qu'à son tour il les protége par sa propre puissance, il n'existe cependant ni entre eux et lui, ni entre ses sujets eux-mêmes, une communauté ou une volonté commune. On ne trouve, dans ce genre de relations, ni réception dans la compagnie, ni exclusion de son sein. On n'y voit ni convocation de ses membres, ni délibération collective; point de votes, point de séparation des fonctions, etc., toutes choses qui dans les corporations ou associations sont et doivent être rigoureusement déterminées par des formes préalablement convenues et fixées. Ceux qui prétendent donner le nom de *constitution* aux rapports, en partie naturels et en partie conventionnels, qui existent entre un prince et les diverses classes de ses sujets, se servent tout au moins d'un langage vicieux, qui produit la confusion de toutes les idées, en employant le même mot pour exprimer des choses diamétralement opposées; d'un langage, enfin, qui a pour but de préparer et de faciliter des bouleversements révolutionnaires. Aussi, avant notre époque, n'avait-on jamais entendu parler de constitutions dans les principautés ou dans les relations seigneuriales. Ces constitutions n'y existaient point. Jamais on n'a pu en produire le document ni en citer aucun article; et si nos politiques modernes se servent, même dans les monarchies, des expressions de constitutions, de lois organiques, etc., ou qu'ils s'efforcent même d'en introduire de semblables, cela ne provient que des faux principes révolutionnaires, en vertu desquels l'on s'obstine à considérer toute multitude d'hommes dépendants ou en état de service, comme une corporation souveraine de citoyens libres.

Mais quel problème doivent résoudre les constitutions républicaines? Quel en est le but? Les constitutions républicaines ont pour but de former et de conserver l'association, de maintenir les règles de droit naturel que nous avons exposées dans les chapitres précédents, et surtout d'assurer à la volonté du peuple ou du moins de la majorité, dans les choses générales, l'empire sur les volontés particulières. En conséquence elles doivent établir l'organisme politique de telle sorte, que nul ne puisse être entraîné contre son gré, ni reçu dans la corporation contre la volonté générale, que toutes les élections soient faites et toutes les décisions prises par une majorité non pas seulement apparente, mais réelle et véritable, afin que les biens et la liberté de l'Etat, gardés pour ainsi dire par la justice et le patriotisme dans une forteresse inaccessible, se trouvent à l'abri de tout dommage et de toute atteinte ; car il est d'absolue nécessité que les magistrats ne puissent détourner à leur avantage les fonds publics, ni sortir de la position de fonctionnaires honorables et honorés, et s'élever en maîtres de la république. Plus une constitution atteint ces fins, plus en un mot elle parvient à ranimer et à maintenir l'esprit de concorde et d'égalité des droits entre tous les citoyens, et plus elle est parfaite. Mais la grande difficulté, et pour dire vrai l'impossibilité de la solution de ce problème, au moins pour une très-longue époque, est attestée malheureusement par l'histoire de toutes les républiques.

D'autre part, comme les constitutions ne sont autre chose que des lois positives, pour l'ordonnance et le régime intérieur d'une communauté, elles dépendent de la volonté de ses fondateurs primitifs et de celle de ses membres postérieurs. Les uns et les autres ont la liberté de déterminer et d'établir la forme de la société dans laquelle ils veulent vivre et qui doit abriter leurs destinées; ils ne font en cela que s'imposer des lois à eux-mêmes, et ne blessent d'aucune manière le droit d'autrui.

Quelquefois il arrive qu'au moment même de la fondation d'une société, l'on rédige un plan ou projet de constitution auquel les membres primitifs agréent librement et se soumettent de leur plein gré.

Mais ces sortes de plans ne tardent pas à devenir insuffisants; car le temps amène bientôt des complications et des besoins qui imposent la nécessité de les éclaircir et de les compléter, souvent même de les changer entièrement. D'ordinaire, les corporations, favorisées par les circonstances, ou soutenues par l'impulsion prolongée d'un maître antérieur, vivent, se meuvent et subsistent avant qu'on ait pu délibérer et fixer leur organisation dans tous les détails.

On voit par là qu'il n'est pas nécessaire que les lois constitutionnelles sortent tout armées et tout d'une pièce, au même instant, du cerveau de leurs auteurs; elles peuvent aussi bien se composer lentement, progressivement, de prescriptions successives, promulguées dans des temps différents, selon que l'exigent le besoin du jour et l'intérêt du lendemain. Disons même que ce mode de législation est le plus simple et le plus naturel, et partant le plus avantageux. On ne présuppose ni le mal ni les abus, avant qu'ils ne se soient produits à la lumière du jour, et l'on n'impose pas des fers à la liberté, avant qu'elle n'ait brisé les liens du devoir; on ne saurait, d'ailleurs, prévoir et réglementer d'avance tous les cas, toutes les conjonctures, toutes les éventualités de l'ordre moral et politique.

Il faut donc observer le cours des choses, et profiter des leçons de l'expérience; alors on fera toutes les lois nécessaires et pas une inutile. Alors ces lois, commandées par les circonstances et calquées sur l'époque, seront l'expression de la volonté générale et la satisfaction des besoins sociaux; elles s'appliqueront comme d'elles-mêmes aux hommes et aux choses; elles s'imprimeront vivantes dans les esprits et dans les cœurs; elles seront une habitude dès le premier jour et s'observeront par une sorte de penchant naturel.

Les chartes constitutionnelles une fois libellées et décrétées, faut-il les écrire? Cette formalité peut offrir des avantages, à certains égards et sous certaines réserves; mais elle n'est pas nécessaire. Les coutumes consacrées par une pratique ancienne, constante et générale sont aussi des lois, et ce sont précisément ces sortes de lois qui sont gardées plus religieusement que toutes les autres; cependant, aucun législateur ne les a burinées sur le marbre; elles ont passé des pères aux enfants, par une tradition perpétuelle, ainsi que les vérités premières et les premiers principes (1). A vrai dire, la prudence et la sagesse ne conseillent pas de rédiger trop de choses par écrit; car ces lois écrites engendrent, par l'imperfection du langage et par l'ambiguïté des termes, une foule de disputes et de conflits.

D'ailleurs, l'on consigne rarement par écrit ce qui est essentiel et naturel et par cela même généralement connu, mais seulement ce qui est positif, accidentel et pourrait être facilement mis en oubli.

Il en résulte que la plupart des hommes s'accoutu-

---

(1) Dans l'ancienne république de Berne, le *Livre Rouge*, que plusieurs ont mal à propos regardé comme le code de la constitution, ne renfermait pas les principes fondamentaux de l'Etat. Il ne disait pas, par exemple, que la capitale était libre et souveraine; qu'elle possédait tel ou tel domaine; qu'elle devait être gouvernée par deux conseils, dont l'un de 27, et l'autre de 299 membres; qu'on devait être citoyen de Berne pour être reçu dans ces assemblées, et qu'on ne pouvait obtenir le droit de cité qu'à des conditions déterminées. La véritable constitution, au contraire, se composait d'anciennes coutumes et d'anciennes constitutions, de prescriptions fondées sur la nature des choses, des droits et des devoirs essentiels entre les citoyens. Quant au *Livre Rouge*, c'était un recueil de règlements modernes, dont la plupart n'avaient pas grande importance, mais qui ne pouvaient néanmoins être changés qu'à la majorité des deux tiers des voix.

ment à ne porter leur attention qu'à ces préceptes de second ordre, à les considérer comme la chose principale, et à négliger ainsi ce qui est de droit véritable. Là, au contraire, où l'on n'écrit que peu de choses, l'esprit ou les principes du droit naturel, imprimés dans le cœur et dans la raison de chacun, restent toujours vivants. Une tradition perpétuelle les confirme et leur assure l'empire final, en sorte que les déviations humaines ou les additions arbitraires s'effacent peu à peu, ou sont au moins ramenées à leur valeur secondaire.

Ecrites ou non écrites, les lois constitutionnelles sont dans les républiques le corps du droit naturel, la forme qu'il revêt, le bouclier qui le protége, le boulevard qui le garantit contre l'assaut des passions. Elles trouvent souvent la cause de leur naissance dans des abus graves et prolongés, qui blessaient les droits ou menaçaient la vie du corps social. D'autres fois elles sont les filles d'anciennes coutumes, engendrées par les maximes et l'influence d'un sage. Les jurisconsultes alors, suivant leur inspiration particulière ou les ordres des chefs, recueillent l'esprit des anciennes institutions, codifient les coutumes et revisent les lois antiques en leur donnant pour ainsi dire une vie nouvelle; ils les approprient aux mœurs et aux besoins de l'époque; ils les dégagent des erreurs et des contradictions qu'elles peuvent renfermer ; ils les établissent dans leurs rapports et leur harmonie réciproques ; ils en font un tout complet et méthodiquement ordonné.

Quelle que soit l'origine des constitutions, elles peuvent varier à l'infini dans la détermination des formes politiques et des moyens d'action, mais elles s'accordent toutes à régler les mêmes objets. Ces objets sont : l'admission dans la république et l'exclusion de son sein ; les assemblées et leurs délibérations ; le conseil représentatif, ou au moins le conseil administratif, puis les droits et la compétence de ces conseils. Nous allons parler de ces choses le plus succinctement possible.

Voici donc la première question qui se présente à nos recherches : c'est de savoir *qui fait partie de l'association indépendante ; comment elle doit être successivement recrutée ; en d'autres termes, à qui appartient le droit de cité, et comment il peut être acquis ou perdu.* Or, une communauté se compose naturellement de ses fondateurs primitifs, et de tous ceux qui, plus tard, y ont été admis par ces fondateurs ou par leurs descendants. Personne ne naît membre d'une communauté, et la nature n'a conféré à qui que ce soit un diplôme de citoyen. Il faut donc que le corps social reçoive de nouveaux membres ; autrement il s'éteindrait dans le cours d'une génération, ce qui ne peut être sa volonté. Voilà pourquoi toutes les communes urbaines ou rurales, toutes les républiques admettent en principe que les fils des citoyens sont reçus de droit dans l'association, et qu'on ne peut les refuser, sauf dans certains cas prévus par la loi. Mais encore faut-il déterminer les conditions auxquelles ces descendants de citoyens peuvent être reconnus membres votants de la communauté. Ordinairement, on n'exige à leur égard que la preuve de légitime descendance d'un citoyen effectif, un âge fixé par la loi, et quelques formalités faciles à remplir.

Mais il existe des communautés auxquelles ce moyen naturel de recrutement est interdit par leur nature même. Telles sont, par exemple, les ordres spirituels et séculiers, dont les membres sont astreints au célibat; telles encore les sociétés scientifiques ou mercantiles, où les fils ne suivraient pas la vocation de leurs pères. Ces sortes d'associations ne peuvent se perpétuer que par la réception d'étrangers, moyen de recrutement qui d'ailleurs est pratiqué aussi par toutes les autres corporations et républiques souveraines. Dans ces cas, il faut que les conditions ainsi que les formalités de l'admission soient d'avance exactement fixées. D'ordinaire, l'admission ne peut être accordée que par la société tout entière, ou par l'autorité souveraine dans une république; car nul n'a le droit de lui imposer, contrairement à sa volonté, des membres nouveaux, qui doivent participer à son autorité et à la jouissance de ses biens. Aussi, ce principe est-il assez universellement adopté et suivi dans la pratique. Pour ce qui est des conditions, il a déjà été observé ailleurs que toute communauté prescrit naturellement aux aspirants du droit de bourgeoisie, des prestations dont elle attend des résultats favorables aux fins qu'elle poursuit. Ces conditions peuvent donc être de nature très-diverse; elles forment une partie intégrante de ses lois constitutionnelles (1).

Parlons maintenant *des assemblées et de leurs délibérations*. Lorsque l'association se trouve constituée et le mode de son recrutement successif déterminé, elle ne peut cependant entrer en activité que par l'assemblée de ses membres et ne peut prendre des résolutions que par la majorité des votes. Or, pour assurer la parfaite régularité de ses assemblées et de leurs délibérations, rien n'est plus indispensable que la

---

(1) Outre les conditions mentionnées plus haut, on peut en fixer d'autres encore pour l'acquisition de la bourgeoisie : la profession de tel ou tel culte; l'état conjugal ou célibataire ; le domicile fixe dans la commune ou sur le territoire de la république : la liberté civile ou individuelle; la prestation d'un serment embrassant les principaux devoirs du citoyen; le renoncement à tout autre droit de bourgeoisie, et la dénonciation de tout rapport social qui pourrait amener des conflits dangereux.

prescription de certaines formes, qui déterminent tout au moins le *mode de leur convocation ;* le *lieu de leurs séances ;* la *présidence*, le *secrétariat*, la *proposition des matières à traiter*, le *mode de délibération*, et enfin la *manière d'émettre et de compter les votes.*

1° La nécessité de convoquer les membres d'une république pour décider des affaires communes, n'a pas besoin d'être prouvée; elle est évidente et de droit naturel, puisque, à défaut de cette convocation, la volonté de la majorité serait impossible à connaître. Nul ne peut répondre à moins qu'on ne lui adresse une question et qu'on ne le provoque à dire son avis.

En règle générale et hors les cas de nécessité, l'assemblée doit être convoquée *au lieu ordinaire de ses séances et aux époques habituelles*, où tous les membres peuvent facilement se réunir ; attendu que sans cela, un président ambitieux et appuyé d'une faction dévouée à ses vues aurait la plus grande facilité pour faire approuver tout ce qu'il lui plaît et pour subroger à la majorité réelle une minorité factieuse.

2° Le lieu des assemblées est ordinairement un édifice appartenant à la communauté, répondant à sa destination et dont l'architecture n'est pas sans importance. Appelé *Palais du conseil*, *Hôtel de ville* ou *Maison commune*, d'après son objet, il doit être construit dans un style simple et noble, puis orné d'emblèmes et de symboles qui inspirent le respect dû à la république. Il doit offrir tout ce que peut exiger la commodité des assemblées délibérantes : des salles vastes et disposées selon les règles de l'acoustique, des couloirs larges, de nombreuses issues, etc.

3° Pour être assemblés dans leurs comices, les citoyens ne forment pas encore un tout organique, et ne semblent être qu'une agrégation désordonnée de simples individus. C'est alors que l'association commence à sentir le besoin d'une organisation qui en forme, en quelque sorte, un corps et ait pour ainsi dire une âme, afin qu'elle puisse manifester une volonté commune. Il est impossible d'abord que tous les membres connaissent d'avance les matières à traiter, et que tous proposent et parlent à la fois ; car un pareil mode de procéder produirait la plus extrême confusion. Il faut donc de toute nécessité qu'une personne quelconque soit chargée de la direction générale des affaires ; qu'il lui appartienne de prendre connaissance préalable des pièces, de convoquer les assemblées, de présenter les différentes matières à traiter dans un ordre convenable, de diriger la marche de la discussion, et de la maintenir dans la voie de la logique, dans le calme, et la concorde. Ce chef, indispensable à toutes les corporations quelconques, depuis la plus puissante des républiques, jusqu'à la moindre commune rurale, et jusqu'aux tribus d'artisans, est généralement appelé *Président* (qui siége en tête), parce qu'ordinairement son siége est placé sur quelque estrade, ou du moins dans un endroit en vue de tous; mais il est aussi désigné par d'autres dénominations correspondant à ses principales fonctions, ou à la nature primitive de la communauté. Tels sont les titres de : *Consul* (1) (de *consulere*, prendre soin, veiller) dans la république romaine; *Archonte* (de αρχων, commandant) chez les Grecs; *Grand-Maître* dans les Ordres de chevalerie; *Bourgmestre* (de *bürger* bourgeois, et de *meister* maître) dans quelques villes d'Allemagne, de Belgique et de Suisse; d'*Ammann* et *Landammann* (de *Land* pays, et de *Mann* homme), le premier, chef d'une commune, et le second d'une république, aussi en Suisse; *Avoyer* (de *advocare* appeler, comme avoué et avocat), parce qu'il appelait les débiteurs devant les tribunaux; *Gonfalonier* et *Banneret*, porte-drapeau en temps de guerre, à la tête de la milice; enfin *Doge* (de *Dux*

---

(1) Le nom *Suffète*, employé à Carthage, avait la même signification que *président*. En français on dit aussi *syndic*, (du grec συνδικιος avocat, συν avec, et δικη cause, procès); *échevin* (du latin barbare *scabinus*, *scabineus* ou *scabinius*), qu'on trouve souvent, dans les capitulaires des anciens rois de France et dans les lois des Lombards, avec la signification de *juge*; puis *maire* (de *major* supérieur).

général ou conducteur) dans la république de Venise et dans celle de Gênes (1).

Comme l'énoncent tous ces titres, le président d'une communauté jouit d'une certaine autorité ou du moins d'une certaine primauté parmi ses égaux; et, selon la loi éternelle de la nature, il est toujours choisi originairement dans le rang le plus élevé, sous l'ascendant de sa position qui le rend supérieur aux autres par le pouvoir et la fortune, ou du moins par l'âge et l'expérience. Dans la suite, il devient indispensable de déterminer soigneusement, d'une part, les conditions d'éligibilité, et de l'autre le mode de son élection. Ensuite vient la détermination de sa compétence et de ses pouvoirs. Outre les attributions mentionnées tout à l'heure, pour l'organisation de la société, on peut lui en imposer ou lui en donner d'autres moins essentielles, mais non sans importance. Ordinairement on lui confie le droit et le devoir de convoquer les assemblées; de les présider; d'y maintenir la marche régulière des discussions, les convenances parlementaires et l'observation des lois; de dissoudre les assemblées, non-seulement lorsque le programme des matières est épuisé, mais aussi lorsque les débats dégénèrent, par la violence, en injures personnelles et provocations mena-

(1) Voyez Sismondi : *Hist. des Républiques italiennes*.

çantes; puis de revoir le texte des décisions, de les munir de sa signature, de promulguer les lois et de garder les sceaux de l'Etat. Il peut, en outre, écarter les pétitions inconvenantes ou contraires aux lois, juger les causes de moindre importance entre les citoyens, et c'est à lui qu'il appartient de porter la parole au nom de la république à la tête des députations.

Inutile de dire combien il importe de conférer l'office de la présidence à des mains capables et expérimentées, intègres et fidèles.

. Après le président, le fonctionnaire le plus important dans les communautés, c'est le *chancelier* ou *secrétaire*. Il a pour mission d'assurer, en les fixant sur le papier, l'authenticité, le texte et le vrai sens des décrets portés par l'autorité supérieure, et de les communiquer à ceux qu'ils concernent. Un seigneur individuel n'a pas besoin de cette ressource artificielle. De même que lui seul exprime sa volonté, de même aussi il peut la notifier verbalement, l'écrire ou la dicter, l'exécuter en personne, et si même elle n'était pas restée pure et tout entière dans sa mémoire, il aurait toujours le droit de l'expliquer, de la compléter, de la renouveler ou de la changer. Un secrétaire, pour lui, c'est un aide, un auxiliaire, un serviteur, pour ainsi dire un objet de luxe, et non pas un rouage nécessaire dans le mécanisme de son gouvernement. La communauté au contraire n'est pas son propre ministère, elle ne saurait parler par la bouche de tous, ni écrire de plusieurs mains. Force lui est d'en charger un tiers, qu'elle ne peut pas même surveiller ni redresser. Moins mobile qu'un individu, elle ne peut exécuter elle-même ses décrets, ni les signifier personnellement à d'autres. Il s'ensuit que, si les résolutions communes n'étaient pas assurées et mises à abri de l'oubli au moyen de l'écriture, il s'élèverait incessamment des doutes et des discussions sur leur nature et leur portée. Voilà pourquoi le chancelier ou greffier figure infailliblement dans toutes les communautés ; pourquoi sa plume y remplit un rôle si important. C'est ici surtout qu'il faut citer et répéter cet ancien adage : « Le monde est gouverné par les secrétaires. » Si le président est l'âme du corps politique, le chancelier en est l'organe. Quiconque connaît les républiques autrement que par les fausses théories des philosophes, sait combien il est difficile de se soustraire à l'influence de ces deux personnages, et de les ramener dans la voie du droit quand ils s'en sont écartés.

L'expérience ne démontre-t-elle pas suffisamment que lorsque la présidence et le secrétariat sont bien composés et convenablement exercés, les affaires d'une communauté marchent toujours bien, tandis que dans le cas contraire, les plus grands talents et les connaissances les plus distinguées de ses membres demeurent inutiles et infructueux. Pourquoi en est-il ainsi? Parce que leurs avis sont ou rejetés par la majorité, ou bien mal entendus, mal transmis ou du moins jamais exécutés dans leur véritable esprit, ni en temps utile, et dans les formes convenables.

4° Voilà le président et le chancelier munis de leurs attributions; voilà l'assemblée pourvue d'organes. Elle peut dès lors exprimer une volonté commune; il faut lui soumettre l'objet de ses délibérations et de ses votes. Les propositions du président, à moins d'ordonnance contraire, ont la priorité. Ensuite viennent les rapports des commissions qui ont étudié des questions spéciales dans les bureaux. Et, comme elles ont le droit d'initiative et peuvent proposer leurs vues particulières à l'approbation de leurs collègues, les autres membres prennent la parole selon l'ordre, ou au jour fixé.

Dans toutes les propositions, les points de fait doivent être clairement déduits et les points de droit nettement posés: deux avantages qui amènent comme d'eux-mêmes la vraie solution des choses. Il est bon aussi d'annoncer d'avance les objets de grande importance, afin que les citoyens se rendent en plus grand nombre à la séance et qu'ils puissent se préparer à la discussion. C'est pourquoi les propositions particulières, et partant imprévues, ne sont pas discutées, si ce n'est en cas d'urgence, le jour où leur auteur les dépose sur le bureau, mais seulement plus tard, lorsqu'elles ont soutenu l'épreuve d'un examen sérieux.

5° Après l'énonciation des matières, vient la *discussion.* Dans les petites communautés, le président invite individuellement, selon le temps de leur agrégation, tous les citoyens à faire connaître leur avis sur l'objet proposé : dans les grandes assemblées, pour économiser le temps, il adresse cette invitation nominativement aux fonctionnaires supérieurs d'abord, puis en général aux autres membres présents. Ceux qui les premiers demandent la parole, parlent les premiers. Ils parlent à leur place, debout (1). Quelque fatigante qu'elle puisse devenir aux auditeurs éclairés, la discussion doit être continuée jusqu'à ce que personne ne demande plus la parole. Refuser la parole à un orateur, ce serait en quelque sorte lui refuser le droit de voter.

---

(1) L'usage obligatoire de parler du haut d'une tribune n'existait point dans les anciennes républiques. C'est des loges maçonniques, dit-on, qu'il a été porté dans la première assemblée nationale de France, et de là, dans d'autres assemblées révolutionnaires. Cette pompe, cet appareil théâtral non-seulement blesse la simplicité républicaine, mais encore favorise plutôt l'influence de certains orateurs que la recherche de la vérité et de la justice.

6° Si la discussion développe et groupe les volontés particulières, le vote les signifie et les compte.

Deux sortes de votes.

Le vote public s'accomplit à l'aide d'indications visibles : par main levée, comme on dit, la main haute dénonçant l'affirmative et la main baissée la négative. Par assis et levé, les uns se mettant debout et les autres restant sur leur siége ; et par séparation (*discessio in partes*, comme s'exprimaient les Romains), une partie de l'assemblée se rangeant d'un côté de la salle et les opposants de l'autre.

Pour le vote secret, l'on dépose dans une urne des boules de différentes couleurs, ou des bulletins portant le nom des candidats ou l'indication des propositions. Ces deux manières de voter ont chacune leurs avantages et leurs inconvénients. On se sert ordinairement du vote public dans les affaires de l'Etat, pour les choses générales, qui ne touchent point les intérêts particuliers. Le vote secret convient mieux dans les élections et dans les questions personnelles, par exemple lorsqu'il s'agit de dispenser les grandes dignités et les emplois lucratifs de la république ; de donner des grâces et des faveurs ; de prononcer des peines graves contre des personnages ou des magistrats marquants ; d'aliéner ou d'acquérir des domaines d'une valeur considérable. Dans ces cas-là, si le vote public était obligatoire, certains votants ne seraient-ils pas en quelque sorte, déchirés par deux forces contraires, placés entre la conscience et le bien public d'une part, et de l'autre le désir de gagner des protecteurs et la crainte de se faire des ennemis redoutables.

Si les formes et les institutions constitutionnelles sont déjà si multiples et si compliquées dans les simples communautés, combien plus ne doivent-elles pas l'être dans les grandes républiques, lorsque la nation, ne pouvant se constituer tout entière en assemblée politique, est obligée de se faire représenter par des mandataires ?

CHAPITRE XIV

ORGANISATION DES RÉPUBLIQUES. — CONTINUATION. — DU CONSEIL REPRÉSENTATIF.

Les institutions organiques que nous venons de décrire suffisent amplement, si l'on y joint un conseil dirigeant, pour établir la constitution des petites communautés car celles-ci peuvent aisément s'assembler tout entières. Mais lorsque les républiques comptent leurs membres par milliers, la distance des lieux, les frais de voyages, la nécessité du travail et le prix du temps sont autant d'obstacles qui ne leur permettent pas de former des assemblées générales fréquentes; alors ces premières institutions ne suffisent plus.

Des combinaisons encore plus multipliées et plus difficiles deviennent nécessaires. La société se voit forcée, par la nature même des choses, non pas précisément de conférer ou de déléguer, mais d'*abandonner entièrement ou en partie sa puissance à un corps sorti de son sein.*

Quel que soit le nom qu'on leur donne, les membres de ce corps sont considérés comme les représentants de toute la communauté. Ils forment une société dans la société même; une société plus restreinte et plus étroite, il est vrai, mais qui concentre en sa main toute l'autorité et toute la puissance (1). Il est peu, fort peu de communautés qui puissent se passer de cet organe; voyez plutôt les communes, les maîtrises, les fédérations : elles ont toutes leur assemblée générale, toutes leur grand conseil, leur agence, leur commission restreinte chargée d'administrer les affaires communes (2). Et quelle que puisse être l'origine primordiale de ces commissions, de ces agences, de ces conseils; qu'ils soient formés d'en bas par le peuple ou d'en haut par un seigneur ou par un corps préexistant, ils sont toujours choisis dans les plus hauts rangs de l'association, parmi les citoyens les plus éclairés, les plus instruits, les plus capables par l'expérience, les plus intéressés à la bonne administration des affaires, et ceux qui ont le plus de temps et de soins à leur donner. Quoi qu'on dise et quoi qu'on fasse, l'instinct de la nature humaine

(1) Les Italiens l'appellent *Serratura* del consiglio.

(2) Dans l'ancienne Suisse, parmi les cantons dits démocratiques, Uri avait non-seulement une assemblée générale (Landsgemeinde), mais encore un grand conseil de soixante membres qui pouvait être doublé ou triplé dans certains cas. On y voyait aussi un tribunal de sept ou de quinze membres pour les causes civiles et pour les causes criminelles.

et la force des choses amèneront toujours à la tête de la société des hommes distingués à quelque titre; car personne ne veut élever au-dessus de soi ceux qu'il considère comme ses inférieurs, mais bien ceux qui lui sont déjà supérieurs à d'autres égards. Il est certain que cette propension, cette préférence est prudente, qu'elle est sage, patriotique, et par là même avantageuse à la chose publique; elle fait naître d'ailleurs, par une vertu qui lui est propre, l'apaisement, le contentement et la satisfaction générale, pourvu que l'élection, libre de toute entrave, puisse porter ses choix dans toutes les classes sociales, et ne soit pas confinée par des lois dans un étroit domaine, au profit d'une caste privilégiée.

Il va de soi que, lors de sa formation, le grand conseil peut être investi des pouvoirs représentatifs en tout ou en partie, sans réserve ou avec restriction, absolument ou conditionnellement. La représentation est absolue, sans partage ni limites, lorsque, la communauté ne pouvant ni ne devant se réunir en assemblée générale, le grand conseil a le droit de remplacer ses membres démissionnaires ou défunts, et de nommer aux plus hautes dignités de l'Etat. Alors quels sont les pouvoirs et les prérogatives du peuple? Ils se réduisent à ce que l'administration de la chose publique se fait en son nom, et que les membres du grand conseil sont tirés de son sein. Le mandat représentatif est au contraire conditionnel, quand la communauté peut et doit être convoquée pour la décision des affaires importantes, ou pour l'élection des principaux fonctionnaires. Ces deux systèmes républicains dépendent l'un et l'autre de circonstances naturelles, ou de précédents historiques, tels que la volonté d'un premier maître et des législateurs qui l'ont suivi. Or, c'est selon que le grand conseil ou le peuple ont plus ou moins de droits, que l'on distingue deux sortes de républiques, appelées mal à propos, d'après les Grecs, les unes *aristocraties* et les autres *démocraties*. Ainsi, les pays dépendant autrefois de l'empire germanique et formant aujourd'hui certains cantons de la Suisse, Uri, Schwytz et Unterwalden, étaient réputés démocratiques, parce que la communauté tout entière (Landsgemeinde) devait être assemblée au moins une fois chaque année, pour décider les affaires majeures et pour nommer les magistrats. Dans le même pays, Zurich, Schaffhouse, Bâle, Genève, etc., étaient qualifiés d'aristo-démocratiques, ou de mixtes, par la raison que l'on voyait en ces villes pour ainsi dire, deux sortes de pouvoirs : d'une part le grand conseil représentatif y exerçait l'autorité souveraine dans la plupart des cas ; d'une autre part, les tribus ou divisions de la bourgeoisie y conservaient quelques droits électoraux ; ou bien tout le corps de la bourgeoisie devait, comme à Genève, être constitué en conseil général de la commune, pour connaître certaines affaires extraordinaires et pour élire les principaux fonctionnaires. Enfin, les villes de Berne, de Lucerne et de Fribourg passaient pour des aristocraties : ici le grand conseil, appelé *conseil-bourgeois*, avait en toute matière toutes les attributions du pouvoir ; à tel point qu'il comblait lui-même ou par une commission les vides que la mort ou les démissions faisaient parmi ses membres. La bourgeoisie ni ses divisions ne pouvaient se réunir en assemblée politique ; elles n'avaient aucune part directe ni indirecte dans l'administration de la chose publique.

Cependant, si différentes qu'elles puissent paraître, ces républiques ne diffèrent pas essentiellement les unes des autres. Que le grand conseil puisse se mouvoir dans un domaine plus ou moins étendu ; que ses droits soient limités ou illimités ; qu'il exerce ses pouvoirs sur la totalité ou seulement sur une partie des affaires, toujours est-il qu'il ne peut être élu que par les citoyens, et doit être choisi dans les rangs des citoyens. Il ne gouverne pas en son propre nom, mais au nom de ses commettants. Du moment que le peuple épars, divisé, séparé par le nombre et par des obstacles naturels, ne peut se réunir en corps politique, pourquoi ne devrait-il pas abandonner à un conseil, ses droits électoraux, d'autant plus qu'il lui transfère des pouvoirs beaucoup plus importants? En conséquence, les membres du grand conseil de toutes les républiques dites aristocratiques, ne sont autre chose que les représentants élus d'une communauté plus grande, et le plus ou moins d'attributions dont ils jouissent ne peuvent servir de fondement à une division principale, mais peuvent tout au plus fournir matière à une sous-division.

Au reste, comme le conseil représentatif est une communauté restreinte dans la grande communauté, ou plutôt comme elle est cette communauté même réduite à des proportions plus étroites, il lui faut à son tour une organisation fixe ou une constitution; constitution qui, par le motif que le conseil n'agit pas en son propre nom, doit être encore plus sagement tempérée que celle de la société tout entière. Cette constitution doit régir le conseil sous un double rapport : elle doit, avant toutes choses, en faire un corps agissant et faciliter le jeu de ses organes; puis, autant que le permettent les choses humaines, le maintenir dans les limites de ses pouvoirs, et faire sortir de ses votes des résolutions telles, que le peuple s'imagine les avoir votées lui-même.

Ces constitutions à doubles rapports ne naissent pas ordinairement, non plus que les constitutions simples, tout d'une pièce, avec toutes leurs dispositions fixées, libellées, paraphées; elles vont presque toujours se formant de prescriptions successives, commandées par le besoin du jour et par les nécessités de l'époque. Il est clair aussi qu'elles embrassent les mêmes objets que leur sœur aînée, la constitution de toute la république.

Elles doivent donc régler avant tout la composition et la formation du grand conseil, c'est-à-dire elles doivent fixer le nombre de ses membres et tout ce qui concerne les électeurs, les éligibles et les élections. Les lois touchant ces matières dépendent en général de la volonté de la communauté ou de ses fondateurs primitifs; et c'est là la cause de la grande variété que l'on remarque à cet égard dans la constitution des diverses républiques. Seulement, nous ferons une importante observation : l'on ne trouve dans l'histoire aucun exemple qu'à l'origine le choix d'une représentation ait été fait d'en bas par la communauté tout entière, mais que toujours il s'est fait *d'en haut*, c'est-à-dire par un pouvoir préexistant, tel qu'un seigneur primitif, ayant le droit et la puissance de constituer à la fois l'association et sa représentation. Plus tard, des lois déterminèrent le mode de remplacement des membres défunts ou sortants du conseil, en concédant l'élection de nouveaux membres soit au conseil représentatif lui-même, soit à un collége électoral créé à cette fin, soit à des fractions partielles de la communauté.

Pour ce qui concerne l'organisation intérieure de ces conseils, nous n'avons rien à dire à ce sujet, parce que les règles que nous avons exposées pour l'organisation des communautés elles-mêmes, s'appliquent également, en ce qu'elles ont d'essentiel, à leurs conseils représentatifs.

Après avoir formé le grand conseil, il faut déterminer ses attributions. Cette tâche importante appartenait dans le commencement à ses fondateurs; car en lui donnant l'existence, ils pouvaient et devaient régler ses fonctions. S'il acquiert dans la suite une plus grande puissance; si, affranchi de ses supérieurs primitifs, il devient à lui-même son propre maître (et voilà l'origine de toutes les aristocraties), il peut successivement appeler dans le cercle de ses pouvoirs beaucoup d'objets qui ne s'y trouvaient pas, ou déléguer à d'autres des droits qu'il exerçait auparavant. Quand cette attribution ou cette délégation se font avec le consentement formel ou tacite de toutes les parties intéressées, le décret qui les formule devient un nouveau statut de la constitution. Dans ces occasions, l'on énumère ordinairement aussi avec précision les droits qui, lors de la fondation du conseil représentatif, avaient été réservés à la communauté tout entière.

Une chose plus importante encore, c'est de fixer catégoriquement les rapports du grand conseil vis-à-vis du collége dirigeant, de la régence, de la magistrature proprement dite (1). Comme, d'une part, le grand conseil ne peut ni ne veut s'assembler pour toutes les affaires ; comme, d'un autre côté, le collége dirigeant préexiste ordinairement au conseil représentatif, et que ses attributions flottent primitivement incertaines et peu circonscrites : si la constitution ne traçait pas nettement les limites qui séparent ces deux autorités dans leur compétence respective, on verrait bientôt se produire de funestes collisions qui mettraient en péril le repos et peut-être l'existence de l'Etat. Cependant l'on ne peut, et nous le verrons clairement plus tard, déterminer leurs attributious *a priori*, sur des bases purement logiques, par des classifications générales, comme serait celle de pouvoir législatif et de pouvoir exécutif. Quand on veut marquer, sur le terrain des attributions, la ligne qui sépare les deux conseils de la république, il faut apprécier justement l'importance des affaires gouvernementales, puis se fixer invariablement sur ce principe : « que l'autorité souveraine d'une république doit avoir la connaissance

(1) C'est là cette institution que nous appelons fort mal dans le langage moderne : *le conseil exécutif*.

de toutes les choses qui peuvent exercer une influence décisive sur le bien-être et sur l'existence de l'Etat. » Les diverses constitutions répartissent diversement les pouvoirs entre le conseil représentatif et le collége dirigeant. Le collége dirigeant sort plus ou moins bien partagé de cette distribution, suivant que les citoyens ou leurs représentants lui accordent plus ou moins de confiance, qu'ils donnent une importance plus ou moins grande à telles et telles affaires, et qu'ils peuvent plus ou moins facilement se réunir en assemblée générale.

Le conseil représentatif étant formé et organisé, et ses fonctions déterminées, il ne reste plus qu'à prescrire la méthode de traiter les affaires, c'est-à-dire de fixer les règlements sur l'initiative ou la proposition des matières, leur examen, la délibération, la manière de poser les questions, ainsi que sur le mode de la votation et de dénombrement des votes ; toutes choses que nous avons traitées dans le précédent chapitre.

Jusqu'ici, la loi constitutionnelle a donné au grand conseil les moyens d'agir ; elle doit encore lui imposer la manière d'agir. Le grand conseil, on ne saurait trop le redire, n'est pas établi pour lui, mais pour un autre; il doit poursuivre non pas sa fin particulière, mais la fin générale de la communauté. Il faut donc le diriger par une impulsion bienfaisante vers ce but ; il faut le contraindre moralement d'accomplir le bien public; il faut le retenir par les liens de l'honneur et même de l'intérêt dans la voie du devoir et dans les limites de ses droits.

Parmi les moyens de précaution et de répression qui peuvent assurer cet effet, les constitutions choisissent d'ordinaire la prestation du serment, la limitation temporaire des pouvoirs, puis l'amovibilité et la révocation. Le serment politique, dont on peut abuser sans doute, — car de quoi n'abuse-t-on pas? — a toujours été considéré, chez tous les peuples, comme l'appui le plus ferme et le plus solide de la fidélité. Promesse faite sous l'attestation du Juge redoutable qui sonde les cœurs et les reins, le serment jette autour de la conscience ses liens indissolubles, et ses plis et replis jusqu'au fond des âmes; engagement public et visible, solennel et sacré, il couvre de honte et d'ignominie ses violateurs. Tel ignorerait ses devoirs ou les laisserait tomber dans l'oubli, s'ils ne lui étaient enseignés ou rappelés par les termes de son serment; un autre trahirait la chose publique et la foi donnée, si son infidélité n'était aggravée par la sainteté de son serment; et, si plusieurs n'ont pas succombé sous la pression de puissantes sollicitations, c'est qu'ils ont trouvé l'excuse d'un refus délicat et dangereux dans l'inviolabilité de leur serment. Le serment est une leçon pour l'ignorance, un mémorial pour l'oubli, un encouragement et une force pour la faiblesse et la timidité.

Ainsi que le serment, la limitation temporaire des pouvoirs a sa sanction dans la pratique universelle. Il est conforme à l'esprit républicain de borner la durée des grands emplois à une période de quelques années, et de les confier successivement à différentes mains. Cette rotation périodique ne permet pas à l'ambitieux d'accumuler une trop grande puissance, ni au suffisant de se croire un personnage nécessaire; elle ramène sans cesse au peuple la source du pouvoir, et maintient le sentiment de l'égalité politique; elle porte partout le contentement, et fonctionne comme une soupape de sûreté dans la machine gouvernementale. Car parmi des citoyens égaux, plusieurs aspirent justement aux honneurs; si donc vous voulez prévenir les rivalités jalouses et les factions dangereuses, donnez aux ambitions légitimes, par la courte durée des fonctions publiques, les moyens de se satisfaire. Et, ce que nous disons de cette limitation bienfaisante, il faut le dire de l'amovibilité; j'entends des confirmations ou des réélections annuelles : elles produisent l'apaisement, elles ravivent le sentiment de l'égalité civique et protègent les droits du peuple. On voit aussi quelle puissante digue elles élèvent contre les désirs coupables de l'intérêt particulier : jugement irrévocable et public, sans accusation ni procès, les réélections fréquentes effrayent la prévarication et ne laissent l'assurance et le repos qu'à la conscience affermie dans le sentiment du devoir accompli.

Cependant, ces moyens préventifs ou répressifs sont des moyens humains, c'est-à-dire des institutions défectueuses. Quand le serment, trop multiplié, s'applique à des choses d'une mince importance ou d'une exécution trop difficile, il perd sa force obligatoire avec le respect du peuple, et la punition du parjure devient impossible. La limitation temporaire des pouvoirs a elle-même ses limites. Si vous la renfermez dans des bornes trop étroites, les fonctionnaires ne s'attacheront ni à leur emploi ni à leurs devoirs; et, dès lors, ils seront sur la pente glissante qui mène à se servir de l'autorité pour l'avantage d'un intérêt particulier. Et comment pourront-ils, d'ailleurs, acquérir par le seul moyen qui les donne, par la pratique, les connaissances indispensables à la bonne administration des affaires? Disons maintenant que la destitution ou la non-confirmation peut aussi produire de mauvais effets. Lorsqu'on exerce ce droit trop sévèrement, trop rigoureusement, il engendre la haine et provoque les représailles. Aujourd'hui la justice rejette un fonctionnaire indigne, demain la soif de la vengeance frappera le magistrat le plus intègre, le plus vertueux, et l'on ne manquera point de raisons pour justifier ce méfait; les emplois flotteront en quelque sorte dans la tempête politique au gré des passions mauvaises. Le courage même redoutera d'accomplir son devoir, dans la crainte de blesser quelque intérêt particulier, et les ruses démagogiques et les plus basses adulations, corruptrices des peuples, resteront le seul moyen de se maintenir aux affaires.

Que faut-il conclure de tout cela? Une chose que nous avons déjà fait ressortir bien des fois : c'est que les meilleures lois, livrées à elles-mêmes, sont inutiles et souvent funestes; que toutes les institutions humaines sont incapables, par leur propre force, d'établir la société dans ses conditions d'ordre et de perfection; que la probité personnelle, la probité seule peut affermir parmi les hommes le règne du droit, de la justice, de la sécurité, de la liberté et du bien-être; que cette vertu céleste, née dans le sein de la religion et gardée sous l'œil de Dieu, peut tout remplacer et ne peut être remplacée par rien.

Principe incontestable et incontesté. Que les élections portent au pouvoir des hommes justes, droits, désintéressés : tout sera fait. On ne peut nier sans doute la valeur secondaire des autres moyens de conservation sociale; mais, encore une fois, les bonnes élections sont le moyen souverain, le seul moyen qui puisse maintenir à jamais dans le devoir l'autorité déléguée, le grand conseil, comme aussi le collége directeur.

CHAPITRE XV

ORGANISATION DES RÉPUBLIQUES. — CONCLUSION. — LE COLLÉGE DIRIGEANT, MOINS NOMBREUX.

Le quatrième et dernier objet des constitutions républicaines, c'est le collége dirigeant, qu'on appelait autrefois la *magistrature*, le *conseil* ou la *régence*, et qu'on nomme le *gouvernement* (1). De la ville municipale la plus modeste jusqu'à la plus grande république, toutes les communautés libres ont et doivent avoir nécessairement des préposés, des directeurs, des conseillers, des commissaires, des curateurs formant un corps administratif. Soit qu'elles se représentent elles-mêmes, ou soient représentées par une assemblée composée de membres nombreux, il faut une administration plus ou moins restreinte, non pour exécuter les lois, comme le prétendent les publicistes modernes, mais, comme font les ministres d'un prince,

(1) A Carthage et à Sparte, on disait γερουσια; à Rome, *Sénat*; à Gênes, *Signoria*, et dans les autres républiques italiennes, *Consiglio* di credenza.

pour expédier chaque jour les affaires d'une moindre importance et pour préparer la délibération des objets d'un intérêt majeur. Nous prouverons cela par la nature des choses et par le témoignage de l'histoire.

Or, il faut donner à ce conseil directeur une constitution particulière ; il faut déterminer sa composition, sa formation, son renouvellement, son organisation, les fonctions de ses membres, la durée de leurs pouvoirs, leur dignité, leurs appointements, leur serment et les instructions qu'ils doivent recevoir.

Pour commencer par sa composition : le collége dirigeant doit avoir un nombre de membres fixé dans de justes proportions ; moins nombreux que celui de l'assemblée souveraine, pour qu'il puisse se réunir facilement, et parce qu'il ne doit ni régler des choses d'une si grande importance, ni représenter la communauté sur une aussi large échelle ; mais assez nombreux pour ne pas permettre à l'intérêt particulier l'accès dans son sein, et pour faire naître la pensée que le corps législatif aurait, à sa place, adopté les mêmes résolutions que lui. En ce qui concerne les conditions d'éligibilité, elles sont plus multipliées pour le petit que pour le grand conseil ; les lois constitutionnelles exigent d'ordinaire un âge avancé, l'exercice antérieur d'importantes fonctions, quelquefois l'état conjugal, etc. La supériorité d'âge favorise en toutes choses la bonne administration des affaires publiques ; elle est d'ailleurs la seule supériorité visible parmi des personnages égaux sous d'autres rapports ; elle présuppose l'inappréciable avantage de l'expérience, et justifie le choix du scrutin ; elle ménage l'amour-propre, et prévient les ressentiments de la rivalité vaincue. Sans doute, il ne faut pas remplir le conseil gouvernemental de vieillards infirmes, il faut le composer en grande partie d'hommes dans la force des années, capables de rudes labeurs et, dans certains cas, de mâles résolutions. Mais il n'en est pas moins vrai que les vieillards peuvent y tenir une place utile : si leurs épaules ploient sous le poids des années, leur parole est bonne conseillère ; ils tempèrent la fougue et le transport de leurs jeunes collègues ; ils éclairent les délibérations par la sagesse des temps passés ; ils arrêtent les entreprises aventureuses et les innovations précipitées ; ils donnent à tout le gouvernement une gravité qui gagne l'obéissance des citoyens et le respect des étrangers.

En ce qui concerne la première formation du collége dirigeant et le remplacement de ses membres, qui les réalise, qui les accomplit ? La communauté tout entière, par elle-même ou par sa représentation, quand elle jouit d'une complète indépendance ou qu'elle s'est elle-même constituée dans l'origine. Mais si un seigneur l'a fondée (ce qui est arrivé pour la plupart des bourgeoisies urbaines), c'est lui qui a réglementé la première formation de son collége directeur ou de sa magistrature; puis il a pu, dans la suite, abandonner à la régence le soin de pourvoir à son recrutement; puis, lorsqu'il a perdu l'existence ou ses droits, la même régence s'est adjoint la bourgeoisie ou son conseil représentatif, pour renouveler ses membres. Ce renfort électoral revêt les élus d'une plus grande considération.

L'organisation intérieure du collége dirigeant ne diffère pas essentiellement de l'organisation de la communauté ou de celle de l'assemblée représentative. Point d'autre mode de convocation, ni d'autre lieu de réunion. Il a le même président, le même chancelier et les mêmes fonctionnaires attachés à son service. Les formes de ses opérations électorales et l'ordre de ses débats délibératifs, pour être plus simples, n'en reposent pas moins sur les mêmes règles de prudence. Cette conformité de principes, cette réunion sous le même président par le même chancelier, formaient un trait caractéristique des anciennes républiques et trouvent leur raison d'être et leur fondement dans la nature des choses. En effet le collége dirigeant, le conseil représentatif et l'assemblée des citoyens ne sont pas des pouvoirs distincts et séparés les uns des autres; ils ne constituent qu'une seule et même autorité, qu'une seule et même corporation. L'assemblée nationale et sa représentation légitime ne sont en réalité que l'extension du directoire. En un mot, ces trois autorités forment les membres d'un seul corps vivant. Or, comme un seul corps vivant ne peut avoir qu'une seule tête et qu'une seule âme, pareillement une seule corporation ne doit avoir qu'un seul président et qu'un seul chancelier. La théorie de la séparation des pouvoirs n'a été inventée que de nos jours ; et c'est dans les républiques révolutionnaires modernes, qu'on a vu pour la première fois l'institution de deux ou trois autorités, conseil législatif, sénat, directoire exécutif, entièrement distinctes et indépendantes les unes des autres, ayant chacune leur président et leur chancellerie propres. Mais l'on a vu aussi cet état de choses engendrer une lutte incessante entre les trois pouvoirs, lutte qui finit par amener la chute de ces républiques, qu'on aurait pu appeler à juste titre des Cerbères à trois têtes.

Après l'organisation du collége dirigeant, viennent différentes choses indiquées précédemment : la durée des pouvoirs, le rang des conseillers, les émoluments, le serment, les instructions et les fonctions, choses qui n'appartiennent pas essentiellement à la constitution des républiques, mais dont il faut cependant dire quelques mots.

Les *offices* et les *emplois* sont, dans le petit comme dans le grand conseil, soumis à la réélection ou confirmation annuelle; mais ils n'en restent pas moins de fait, presque toujours, dans la même main jusqu'à la mort. Les changements trop fréquents dans les charges porteraient partout l'instabilité, briseraient dans la direction le cours des affaires, détruiraient l'expérience et la science du gouvernement, détacheraient les fonctionnaires de leurs emplois, causeraient du mécontentement et seraient sujets à mille inconvénients.

Grâce à leur autorité, les membres du gouvernement jouissent d'une considération particulière; ils sont entourés d'honneur, non-seulement dans les cœurs des citoyens, mais encore dans les actes de la république. On leur donne le premier rang dans toutes les solennités, des siéges élevés dans les assemblées politiques, et des places réservées dans les réunions religieuses. Ils ont un costume officiel et reçoivent les honneurs militaires. Dans la vie privée, ils portent un titre conforme à l'état républicain, et qui rappelle moins leur puissance que leurs vertus et leur mérite personnel. Toutes ces distinctions relèvent la dignité de la république et facilitent le devoir de l'obéissance.

Et comme les places dans le directoire sont non-seulement une dignité, mais encore et surtout une charge, un emploi, les titulaires doivent recevoir une équitable indemnité, à raison du travail et du temps qu'ils consacrent aux affaires publiques. Toutefois la simplicité de l'Etat demande la modicité des traitements, afin qu'ils soient et paraissent non pas une source de profit, mais une juste rétribution. *C'est dans l'honneur et l'influence de leur position, que les magistrats républicains doivent chercher et trouver leur récompense.*

Le *serment* des membres du conseil se prête à la communauté. Bien rédigé, il doit, dans un langage digne et ferme, contenir une courte instruction sur les principales fonctions imposées à celui qui le prête; il doit de plus se renouveler chaque année lors de la confirmation du conseil. En cas de violation formelle des lois fondamentales ou de prévarication essentielle à leurs devoirs, les conseillers peuvent bien, individuellement ou collectivement, être rendus responsables; on peut les accuser et même les punir, quoique, dans l'état normal d'une république, de pareils cas se présentent rarement et entraînent toujours de graves inconvénients. D'un autre côté, quelque résultat qu'aient eu leurs résolutions, quelque malheur qu'aient pu faire tomber sur le pays leurs décrets, s'ils ont suivi dans la sincérité du cœur la voix de la conscience et de l'honneur, qui leur demandera compte de faits qui ne dérivent pas de leur libre détermination? Car l'homme est responsable de la perversion de sa volonté, non des méprises de son intelligence, ni moins encore des événements qu'il n'a pu ni dû prévoir. On a vu des républiques qui donnaient au directoire des *revers* ou lettres de garantie, afin d'encourager son administration par la confiance, de lui inspirer de la sécurité, et l'affranchir de l'inquiétude ainsi que de la crainte, mauvaises conseillères et mortelles ennemies du dévouement (1).

Voici un autre sujet qui offre la plus haute gravité : *les fonctions du petit conseil.*

Les fonctions du petit conseil ont en général deux choses pour objet : l'expédition journalière des affaires courantes, et la préparation des matières plus importantes, celles qui doivent être soumises aux délibérations du grand conseil.

Mais quelles sont ces matières plus importantes; quels sont ces objets majeurs qui appartiennent à la décision de l'autorité souveraine? Cette question se résout, dans la pratique, de plusieurs manières et sur des règles différentes. D'ordinaire elle est tranchée par l'usage ou par des lois particulières. D'autres fois,

---

(1) Dans l'ancienne république de Berne, les lettres de garantie étaient délivrées chaque année, le mardi de Pâques, jour de la confirmation du conseil dirigeant.

et dans une sage politique, elle est livrée sans réglementation préalable à la prudence du conseil ministériel; car une affaire peu importante par elle-même peut le devenir infiniment par les circonstances qui viennent s'y rattacher. Elle peut dépendre aussi des difficultés qu'offre la réunion de l'assemblée souveraine; et voilà pourquoi le petit conseil a plus de compétence dans les démocraties que dans les aristocraties; car dans ces dernières, le grand conseil se réunit plus facilement, et prend dès lors plus de part et plus d'intérêt à la chose publique.

Ainsi la réunion plus ou moins facile du corps représentatif, la gravité plus ou moins sérieuse des circonstances et l'importance plus ou moins grande des affaires, voilà les principes qui décident des attributions respectives des deux conseils de la république. Nous avons déjà dit que cette ligne de démarcation ne peut être tracée sur des bases purement logiques, par des formules générales, ou d'après la fameuse théorie de la distinction du pouvoir législatif et du pouvoir exécutif. Car les résolutions sur les affaires les plus importantes, résolutions dont dépend le salut de la république et qui, par conséquent, ne peuvent pas être abandonnées au petit conseil, ne sont pour l'ordinaire rien moins que des lois; tandis que d'un autre côté, les arrêtés et les règlements de peu d'importance, qui peuvent à bon droit être considérés comme appartenant à la législation, devraient être proposés à la décision de l'autorité suprême.

Toute autorité quelconque rend des ordonnances, veille à leur exécution, juge et décide les questions qui surgissent à ce sujet; en d'autres termes, elle exerce, dans les limites de son droit et de sa puissance, une sorte de pouvoir législatif, exécutif et judiciaire. Suivant la nature des choses, il n'en peut pas être autrement, et la moindre réflexion le prouve à tout homme sensé.

C'est pourquoi, si l'on ne savait, d'une part, combien les hommes redoutent le labeur de la réflexion ; de l'autre, combien la foule aime à faire parade de vaines formules enluminées d'une couleur scientifique, on ne saurait comprendre comment cette théorie de la séparation des pouvoirs, inventée par Montesquieu, a pu prévaloir dans le monde.

Nous avons prouvé ailleurs combien il est absurde de vouloir appliquer ce système aux monarchies. Accorder au peuple le droit du législateur, en ne laissant au souverain que le pouvoir exécutif, c'est-à-dire faire du serviteur le maître et du maître le serviteur, est une doctrine tout à fait déraisonnable. Mais cette doctrine n'est pas même applicable aux républiques, où, cependant, les fonctions ont besoin d'être divisées, parce que la communauté ne peut ni ne veut les exercer toutes par elle-même.

Nous avons été dans le cas de voir et d'apprécier ce système à l'épreuve dans les républiques révolutionnaires de nos jours. L'une des autorités était, à la vérité, qualifiée de conseil *législatif*, et l'autre de conseil *exécutif*; mais la force même des choses venait au moment même confondre ces pitoyables distinctions. Il y avait entre les deux autorités des disputes et des contestations perpétuelles, sur la question de savoir ce qui est loi, et ce qui ne l'est pas ; ce qui appartient à l'exécutif, ou ce qui n'est pas de son ressort. Le prétendu conseil législatif, lequel représentait au fond l'autorité suprême, s'emparait de la connaissance de cent mille affaires qui n'offraient pas la moindre apparence d'une loi. Il s'occupait de ce qui lui était proposé, ou dont il lui plaisait de s'occuper : par exemple d'allocations de fonds, de pétitions particulières, du jugement de contestations de toute espèce, d'affaires de grâces ou de priviléges, de mandats d'arrestations, etc. ; quelquefois aussi de toutes sortes d'ordonnances. Mais sur le papier, seul lieu où existe la moderne théorie politique, chacune de ces résolutions portait en tête et en gros caractères la qualification de loi ; et lorsque, par exemple, l'on passait à l'ordre du jour sur quelque requête individuelle, il fallait que cette résolution fût, à l'instar d'une loi généralement obligatoire, imprimée à plusieurs milliers d'exemplaires et affichée à tous les piliers des villes et des campagnes.

D'un autre côté, le conseil exécutif et les autorités qui lui étaient subordonnées, sans en excepter les simples municipalités, publiaient chaque jour une multitude d'*arrêtés,* de *règlements*, d'*ordonnances*, de *décrets*, de *publications* et d'*instructions*, etc. Règles obligatoires de conduite, régissant un très-grand nombre d'hommes, toutes ces choses formaient de véritables lois; mais l'on n'osait leur donner ce nom, parce qu'elles n'avaient pas été faites par le corps législatif. Tout cela, cependant, n'arrivait pas par suite d'usurpations réciproques et intentionnelles d'une autorité sur l'autre, et qui auraient pu être évitées ; mais par la force des choses. Il ne pouvait pas en être autrement, car, en dépit des erreurs humaines, il faut que les affaires quotidiennes soient expédiés, et sous l'empire de cette nécessité, les fausses doctrines tombent en oubli.

Il serait superflu de faire un reproche aux gouvernements révolutionnaires, de cette contradiction perpétuelle entre leur pratique et leur théorie. Ils en méritent assez d'autres sans celui-là; et l'on ne saurait les accuser de ce que la nature des choses a été plus forte que leurs théories. Notre intention n'est autre que de montrer toute l'absurdité de principes qui devenaient inexécutables là même où l'on pensait les mettre en pratique. Quelques exemples, d'ailleurs, suffiront pour prouver jusqu'à l'évidence l'impossibilité de diviser les attributions des deux autorités en fonctions purement législatives et exécutives, au lieu de les séparer selon leur importance matérielle.

La déclaration et la conduite de la guerre, tout le monde le reconnaîtra, n'est pas une loi, mais un moyen de faire exécuter une loi naturelle ou positive, ou un traité antérieur ayant force obligatoire entre les parties contractantes. Cependant, quelle république voudrait, au péril de sa propre existence, donner au collége dirigeant le droit de déclarer la guerre et de la continuer au prix du sang et des biens des citoyens? Semblablement, la création des emplois publics, la nomination et la destitution des fonctionnaires, qu'est-ce encore? Il faut répondre comme tout à l'heure : évidemment ce ne sont pas des lois, mais des moyens de faire exécuter et respecter les lois. Eh bien, qui dira que ce n'est pas au conseil souverain, mais au directoire, qu'il appartient de nommer ou de révoquer les principaux fonctionnaires de l'Etat, ses présidents et ses chanceliers, ses ambassadeurs et ses généraux? On ne peut non plus mettre les aliénations de territoire, ni les allocations de fonds dans la catégorie des lois, puisqu'elles ne sont pas des règles directrices de la conduite. Faudra-t-il en conclure que le grand conseil n'a rien à voir dans ces actes administratifs ni dans ces transformations; qu'il doit donner au petit conseil le pouvoir de vendre des domaines d'une grande étendue, de céder selon son bon plaisir des provinces entières, d'épuiser les finances, et de ruiner l'État? Faudra-t-il dire que la communauté ne peut elle-même disposer de ses biens, ni ordonner ses dépenses, ni régler son budget?

Voici encore des objets qui n'appartiennent pas non plus à la législation : la juridiction suprême, si nécessaire dans certains cas, la réception des nouveaux citoyens et la vérification des comptes; à quoi l'on peut ajouter les traités d'alliance et les traités de paix; car ils sont aussi bien du ressort de l'administration extérieure que du domaine des lois. Or, toutes ces choses, la prudence et l'on peut dire aussi la nécessité politique les ont placées dans les attributions du grand conseil. Remarquez, d'autre part, que renfermer strictement le petit conseil dans les bornes du pouvoir exécutif, c'est le priver de toute initiative et de toute volonté intelligente. Réduit à ce service impérieusement commandé, confiné dans cette tâche définie rigoureusement, que pourra-t-il faire? Il ne pourra tracer par aucun décret la marche régulière de l'administration, ni diriger par des règlements ou des instructions ses subordonnés, les secrétaires de la chancellerie, les employés du département des finances, de la justice ou de la guerre; il lui sera défendu de porter la plus simple ordonnance de police pour la sûreté du commerce, de l'industrie, des personnes. Car ce sont là de véritables lois, bien qu'on s'efforce d'en cacher la nature en les montrant sous d'autres noms; ce sont des manifestations d'une volonté obligatoire, des règles qui prescrivent à une multitude d'hommes certaines actions, et dont la violation entraîne des châtiments, de même que leur observation donne droit à des récompenses. La séparation que je repousse arrêterait court la marche des affaires; elle est physiquement impossible. D'où il suit que les attributions réciproques des deux pouvoirs ne peuvent et ne doivent être divisées que d'après l'importance des matières.

Aussi n'existe-t-il pas une commune urbaine ou rurale qui ne soit plus sage, dans ses statuts organiques, que Montesquieu et ses disciples.

Voici, à peu près, les objets qui, dans les règlements républicains, sont réservés à la décision de l'assemblée générale ou du conseil représentatif :

1° L'admission de nouveaux citoyens et l'exclusion du droit de cité; actes qui forment un simple jugement et non pas une loi.

2° La nomination et, dans des cas déterminés, la destitution des principaux fonctionnaires.

3° L'acquisition ou l'aliénation de possessions territoriales, objet d'une si haute importance que, dans plusieurs républiques, la loi défendait l'aliénation, par vente, échange ou donation de la moindre portion de terre, sans l'assentiment de la puissance souveraine. Quel est le particulier qui, pour céder à son intendant l'administration des revenus, n'en garde pas moins la disposition du capital qui est le fondement de sa puissance?

4° Le droit de prononcer sur les dépenses dépassant une certaine somme : réserve nécessaire, si la république veut rester maîtresse de son bien et prévenir la dilapidation de la fortune publique.

5° La faculté d'établir, de modifier et d'abroger les statuts fondamentaux et les lois d'une haute importance; c'est-à-dire que les lois qui engagent et obligent la république entière, ou qui concernent la totalité des citoyens et des habitants, qui touchent à leurs droits ou à leurs intérêts, qui leur imposent de nouvelles charges, ne peuvent être exécutées sans la volonté et la sanction de l'autorité suprême.

6° Les déclarations de guerre et la conclusion des traités de paix.

7° Le droit de conclure et de résilier les alliances et

les autres traités qui engagent la société par des obligations durables, lui imposant ainsi de véritables lois.

8° Le droit d'établir des contributions ou des impôts indirects à la charge des citoyens ou des simples habitants.

9° L'apurement des comptes les plus importants, afin de s'assurer de la bonne administration et du bon emploi de la fortune publique.

Tous ces objets et autres semblables, dont la décision présuppose le pouvoir suprême et est indispensable pour son maintien, doivent donc être soumis au conseil souverain d'une république; et c'est aussi ce que l'on trouve pratiqué en tous lieux, et sans exception aucune.

Ainsi la formation de la communauté indépendante, l'organisation de l'assemblée représentative quand elle est nécessaire, l'établissement du directoire plus restreint, les rapports réciproques et les fonctions de ces deux autorités, voilà les éléments qui font essentiellement partie des constitutions républicaines; mais quant aux choses qui ne tiennent point par des nœuds intimes à la nature du corps social, comme le domaine public, les possessions, les actions et les droits des individus, on ne pourrait les y faire entrer sans confondre toutes les idées. En conséquence, on doit exclure des constitutions républicaines, et la division du territoire, et l'institution des autorités chargées de l'administration des domaines, ainsi que l'organisation de l'ordre judiciaire, de l'armée, de l'instruction publique et des établissements de bienfaisance. Quelle que soit leur importance sous d'autres rapports, ces choses dépendent toujours de la libre volonté de la république. Elles peuvent exister de telle ou telle manière, ou même ne pas exister du tout, sans que la personne collectivement souveraine soit moins constituée ou moins réellement organisée.

Ni l'importance, ni même la stabilité ne donnent, par elles-mêmes, aux institutions, le caractère de loi constitutionnelle. En un mot, les lois constitutionnelles ne sont fondamentalement nécessaires, qu'en tant qu'elles assurent l'existence, la vie et la libre activité d'une compagnie quelconque. Elles se composent des statuts qui réunissent une multitude, auparavant éparse, en un corps factice et collectif, et la rendent (bien qu'imparfaitement) capable de manifester une volonté et d'exercer une puissance commune ; d'où l'on voit, comme nous l'avons montré déjà, que les constitutions ne peuvent exister que dans les républiques et non dans les monarchies.

CHAPITRE XVI

SEIGNEURIE DES RÉPUBLIQUES, OU LEURS RAPPORTS AVEC LEURS SUJETS.

(JUS SOCIETATIS EXTRANEUM.)

Jusqu'ici nous avons parlé des règles de justice naturelle dans les Etats républicains ; en d'autres termes, des rapports existant entre leurs membres, des formes et des moyens nécessaires tant à l'établissement qu'au maintien de ces rapports, et dont l'ensemble est ordinairement appelé la constitution ou l'organisation des républiques. Mais une communauté ou une association qui a, comme personne collective, des droits à exercer et des devoirs à remplir, se trouve nécessairement en rapport avec d'autres personnes (individuelles ou collectives), dont les unes lui sont égales en droit, tandis que d'autres en dépendent plus ou moins, par suite de circonstances particulières, ou par des pactes divers et des engagements de service. On appelle ces rapports le droit extérieur des républiques, pour le distinguer du droit intérieur, qui n'existe qu'entre leurs membres.

Nous n'examinerons pas, ici, les rapports des communautés souveraines avec les Etats semblables, ou avec d'autres personnes collectives ou individuelles qui n'en dépendent pas. Ces rapports sont les mêmes que ceux qui existent entre les personnes privées, ou entre les princes ; les premiers forment en effet le droit privé absolu ou extra-social, et les derniers le droit des gens ou naturel. Dans ces deux sortes de rapports, il n'y a d'autres droits à exercer, ni d'autres devoirs à remplir, que ceux qui appartiennent ou sont imposés à tous les hommes sans exception. N'offenser personne, garder la foi promise et les traités, remplir les offices d'humanité et respecter les coutumes reçues, tel est l'ensemble des devoirs qu'il faut observer dans cette espèce de relations sociales. C'est au fond la même règle, la même loi divine qui régit ou doit régir les autres relations sociales. Seulement les objets auxquels elle s'applique, les possessions et les droits qui en découlent sont différents de nature, et peuvent varier à l'infini.

Mais les rapports des républiques avec leurs serviteurs et leurs sujets, c'est-à-dire avec les personnes qui, sans être membres de la communauté, lui doivent par engagement certains services, ou dépendent d'elle par leur position, ces rapports, dis-je, font essentiellement partie du droit public des républiques. Ce droit, il est vrai, se rattache à celui qui relie entre eux les maîtres et les serviteurs, tel que nous l'avons exposé dans l'article des principautés et des monarchies; nous pourrions, ici, nous en référer simplement à ce que nous avons dit à ce sujet. Mais comme, de nos jours, on représente toute dépendance naturelle, même tout service volontaire, surtout envers les républiques, sous l'aspect d'une servitude injuste et contraire à la raison; comme, d'ailleurs, on confond souvent les deux rapports coexistants, savoir le rapport seigneurial et le rapport républicain, nous ne saurions les distinguer avec trop de soin. Si nous ajoutons à cela, que l'autorité collective affecte, en présence de l'autorité individuelle, des formes et des caractères propres, on comprendra qu'il faut aussi montrer la souveraineté des républiques à l'égard de leurs sujets sous un point de vue particulier; il faut en prouver l'origine et la nature, la légitimité et la nécessité, l'existence et l'universalité; il faut enfin signaler les conséquences qui en découlent.

Dès qu'une communauté quelconque est parvenue à un tel degré de puissance qu'elle peut non-seulement atteindre le but immédiat que ses membres se sont proposé, mais encore se rendre utile à d'autres, en leur offrant la nourriture, l'assistance et quelques avantages particuliers, elle règne bientôt sur un nombre plus ou moins considérable d'hommes qui, ayant besoin de sa puissance pour satisfaire leurs intérêts, se groupent autour d'elle, entrent à son service, habitent ses domaines, ou réclament simplement sa protection. Lors donc qu'une communauté est devenue propriétaire de biens territoriaux, elle a par cela même acquis, en vertu de contrats formels ou tacites, des droits sur des personnes et des choses; elle se trouve par conséquent dans un rapport seigneurial envers les premières. De même qu'il n'existe sur la terre aucun individu qui n'exerce un certain empire, de même il n'est pas une communauté, pas une association, quelque petite et faible qu'elle puisse être, qui ne règne plus ou moins sur d'autres hommes en vertu de contrats ou par d'autres raisons légitimes.

Représentez-vous, en effet, une république aussi populaire et aussi démocratique que l'on voudra; vous verrez encore dans son sein des femmes, des enfants, des domestiques, des habitants, des étrangers de toute espèce qui, n'étant pas citoyens, ne peuvent voter dans ses assemblées, et qui cependant sont obligés d'obéir plus ou moins à ses décrets (1).

Eh bien, je le demande, ces étrangers, ces habitants, ces domestiques, ces femmes et ces enfants, ne sont-

(1) Déjà Grotius avait fait cette remarque importante : il dit : « Quid quod nulla respublica reperta est, adeo popularis, in qua non aliqui, aut adolescentes, aut valde inopes, aut externi, a deliberationibus publicis arceantur. »

ils pas les sujets naturels de la république? Voulez-vous que la communauté, possédant des domaines et des territoires, leur donne le droit de cité, ou qu'elle leur impose l'obligation de se faire inscrire au nombre des citoyens? Mais alors, que devient ce double principe de droit universel, que nul ne peut être forcé d'entrer malgré soi dans une association, et réciproquement, que l'association ne peut être contrainte de s'incorporer de nouveaux membres, et encore moins de les admettre à la participation de ses droits et de ses propriétés?

Et voyez quelle est la force inéluctable de ces principes! Les corporations qui ont jusqu'ici existé sur terre, les républiques de tout nom, de toute forme, de toute nature, ont toujours régné de mille manières sur des hommes qui, sans être citoyens de la communauté, avaient avec elle des rapports de dépendance.

Carthage était non-seulement souveraine d'un vaste territoire en Afrique, mais encore elle possédait la Sicile, la Sardaigne, plusieurs îles de la Méditerranée et une grande partie de l'Espagne (1).

---

(1) Quant à l'origine de la domination carthaginoise, qui n'a pas eu pour seule base le droit de conquête, voyez Heeren : *Hist. des Etats de l'antiquité*, 3e édit. 1817, p. 93-96.

Sans parler des habitants de ses domaines, Carthage entretenait des soldats pour la défense de son territoire, et des

Les principales cités de la Grèce avaient des *alliés tributaires*, des sujets obligés au service militaire, des serfs et même des *esclaves*.

On connaît l'immense étendue du territoire de la république romaine; et cependant, la communauté proprement dite, libre et indépendante, ne comptait que les citoyens de la ville de Rome. Cette ville régnait dans les diverses parties de l'empire suivant les divers modes d'acquisition du territoire et les différentes conventions faites avec les habitants (1).

Toutes les villes ou républiques italiennes, dans le moyen âge, avaient des domaines plus ou moins étendus, dont les habitants étaient liés envers elles par des traités librement consentis, par des engagements semblables à ceux qui liaient ou qui lient encore les vassaux aux princes et souvent même à des particuliers riches et puissants.

---

rameurs mercenaires pour le service de ses flottes. Dira-t-on que ces rameurs et ces soldats étaient citoyens de la république, et qu'ils lui commandaient au lieu de lui obéir?

(1) On remarquait: les *municipia*, qui avaient tous les droits de cité, excepté quelquefois le droit de voter dans les comices; les *Colonistæ*, qui ne pouvaient entrer ni dans les comices, ni dans la magistrature; les *Socii, fœdere juncti*, qui conservaient leur ancienne constitution, mais qui étaient tenus de fournir leurs contingents en hommes et en argent; les *Dedititii*, sujets conquis, qui étaient gouvernés par des magistrats romains.

La ville de Florence régnait, dans le treizième siècle, sur toute la Toscane; Venise était souveraine d'un territoire peuplé de deux millions d'hommes. Pareilles possessions et dominations se retrouvent dans les villes libres d'Allemagne.

La plupart des républiques de l'Helvétie eurent des domaines et des sujets avant d'avoir l'indépendance. Si donc avant, pourquoi pas après? Les sujets gardaient leurs droits; seulement leur condition s'améliorait avec la fortune de leur seigneur collectif. Personne ne condamnait les possessions territoriales des villes libres d'Allemagne; personne ne s'élevait contre l'inégalité qui en résultait entre les citoyens et les sujets. Qui donc flétrira comme injustes et oppressives, les mêmes relations sociales dans la confédération helvétique? En Allemagne, les pays immédiats de l'empire; en Suisse, les cités forestières (que les écrivains modernes appellent les cantons démocratiques), la contrée du Valais, les communes émancipées et liguées des Grisons avaient leurs ressortissants, leurs protégés, leurs alliés à des conditions différentes; ils avaient des sujets propres et immédiats, ainsi que des sujets médiats et communs, dont ils partagaient la souveraineté avec d'autres Etats confédérés. Tous ne jouissaient pas, comme l'ignorance se l'imagine et comme les publicistes du jour le soutiennent pour nous faire croire à la réalisation de leur théorie; tous ne jouissaient pas des mêmes droits, tous n'étaient pas citoyens libres, tous n'appartenaient pas à la commune ; il était même très-difficile de s'y faire recevoir et d'entrer en partage de ses biens et de ses priviléges. On qualifiait ces cantons ou plutôt ces contrées de démocratiques, parce que la commune pouvait se réunir en corps une fois dans l'année ; mais quiconque n'avait pas la qualité d'homme du pays, *landmann*, fût-il millionnaire et par sa famille établi dans le pays depuis des siècles, ne pouvait donner son vote dans l'assemblée commune.

La république des sept provinces unies des Pays-Bas se forma des Etats qui parvinrent dans le seizième siècle, par une guerre commune, à se détacher de la souveraineté des rois d'Espagne. Ces Etats se composaient eux-mêmes uniquement de l'Ordre équestre (nobles et seigneurs territoriaux), ainsi que des villes libres qui ne dépendaient immédiatement que des rois; tous les autres habitants étaient sujets soit de quelque Etat particulier, soit de la réunion ou confédération de tous ces Etats, parce qu'elle possédait un territoire commun, qu'on appelait pays de généralité.

Les colonies anglaises de l'Amérique septentrionale avaient été constituées, par des chartes royales, en corporations puissantes, longtemps avant la guerre de l'indépendance. Après l'heureuse issue de cette guerre, plusieurs de ces provinces ne firent que peu de changements dans leur constitution. D'autres au contraire, pressées d'un côté par le besoin de s'appuyer sur le peuple, de l'autre par l'invasion des principes philosophiques apportés de France, prirent le parti d'étendre le droit de cité, c'est-à-dire d'admettre un plus grand nombre d'hommes à la jouissance de la liberté et des droits nouvellement acquis.

Cependant, dans ces républiques, tous ne sont pas de droit citoyens de l'Etat, membres du corps politique; mais la plupart sont assujettis à son service. De plus, les Etats-Unis possèdent, à titre de propriété commune, le domaine de l'Indiana, de même que la république néerlandaise possédait les pays de généralité, et la confédération suisse les seigneuries communes ; et s'ils prolongent leur existence, ils acquerront sans doute de nouvelles possessions (1).

La même loi a produit partout les mêmes résultats, aussi bien dans les Etats éphémères enfantés de nos jours par la Révolution, que dans la république française et ses nombreuses succursales. Là, les constitu-

(1) Depuis que ces lignes ont été écrites, la Révolution a changé tout cela. De nos jours, en Amérique comme dans la Suisse moderne, c'est le principe de la souveraineté du peuple qui forme la base des constitutions et du droit public. (Note de l'éditeur.)

tions de papier supprimaient le nom de sujet, et faisaient de tous les hommes autant de citoyens qui devaient, comme on s'exprimait alors, jouir des droits politiques. On allait jusqu'à qualifier d'attentat à la dignité humaine, le rapport naturel du sujet au seigneur.

Néanmoins, la différence qui distingue le maître du serviteur subsistait dans toute sa rigueur; et pour dissimuler la contradiction qui existe entre le principe et le fait, on dut recourir aux artifices de langage et forger de nouvelles expressions. On appela *citoyens passifs*, les hommes (et c'étaient le plus grand nombre) qu'on excluait de l'exercice du droit de citoyen, tout en leur laissant les charges attachées à cette qualité.

Les citoyens passifs étaient contraints de payer, de marcher à la guerre, de recevoir les coups de sabre et les coups de feu, ou tout au moins d'endurer la faim, la soif et toutes sortes de privations pour la chose publique, à laquelle ils n'avaient cependant pas la moindre part. Le droit de jouir, de pérorer, de délibérer, d'ordonner ou d'avoir seulement un mot à dire, appartenait à ceux-là seuls qui avaient le pouvoir de commander arbitrairement. Et chose plus remarquable encore, lorsque les nouveaux républicains eurent réuni à leur territoire des pays conquis, les déclarant hors la constitution, ils les exclurent de la communauté civile, et les firent gouverner militairement ou administrer par des commissaires, sans accorder aux habitants la moindre part aux avantages du droit de cité ; si bien qu'ils étaient, en dépit du principe, de très-humbles sujets, disons mieux, de véritables serfs.

Enfin, les communautés privées nous offrent aussi des rapports de subordination et de dépendance. Car il n'est pas une commune rurale, pas une municipalité dans les villes ou dans les provinces, pas un corps de métiers ou tribu d'artisans, pas une société littéraire ou commerciale, pas un ordre religieux ou séculier, pas même une masse d'héritiers ayant droit à une succession indivise, qui n'exerce quelque empire, qui ne commande à un certain nombre d'hommes, et ne refuse de partager son autorité, ses biens et ses priviléges avec ceux que l'on considère comme des étrangers. Les compagnies anglaise et hollandaise des Indes Orientales, n'ont-elles pas des millions d'hommes sous leur domination (1)?

Les rapports de dépendance envers les associations, de même que les rapports de subordination envers les

(1) Seize cents membres composent la Compagnie anglaise (ce sont ses citoyens), et cent vingt millions d'hommes lui sont assujettis. On a lieu d'être surpris que les libéraux d'Europe et les radicaux d'Angleterre n'aient pas encore lancé la foudre contre cette oligarchie mercantile.

individus, trouvent leur raison d'être dans cette loi nécessaire: *Le fort ne peut se passer de l'aide du faible, et le faible a besoin de la protection du fort.* L'échange de services mutuels qui en résulte est le principe générateur et le ciment de l'ordre social.

Pourquoi donc une réunion d'hommes ne pourrait-elle pas, tout aussi bien qu'un individu, avoir des serviteurs et des subordonnés?

Tout homme, nous dit-on sans cesse, doit participer à la puissance et à la fortune de la communauté, par cela seul qu'il a la dignité d'homme. Est-ce donc que la dignité d'homme consiste à pouvoir partager de force le bien d'autrui? Et pourquoi les prôneurs de l'égalité ne mettent-ils pas les valets, les domestiques, les serviteurs, à la tête de toutes les réunions, par exemple des sociétés littéraires, scientifiques et autres de même nature? Pourquoi n'autorisent-ils pas les ouvriers et les commis des fabriques ou des maisons de commerce à disposer de la fortune des patrons; une maison de commerce, une fabrique n'est-elle pas une chose commune, et selon eux n'appartient-elle pas à la généralité de ses employés?

Vous qualifiez de *caste privilégiée* les citoyens et les magistrats des républiques, parce qu'ils exercent une certaine autorité sur d'autres hommes: vous devez donc marquer du même stigmate les maires des villages, les présidents des fabriques paroissiales et les maîtres de jurandes, voire les professeurs libéraux des universités qui forment en Allemagne des corporations possédant des propriétés. Pourquoi donc ces grands savants, ces illustres docteurs n'admettent-ils pas les étudiants, les bedeaux, les appariteurs, les ouvriers, les fermiers, les habitants de leurs domaines et les débiteurs du fonds universitaire dans le sénat académique ; ou pourquoi ne leur permettent-ils pas du moins d'y envoyer des représentants?

Ah! c'est que dans la pratique, les prétendus réformateurs ne pourront jamais se mettre d'accord avec leurs principes. Vainement on se raidit contre la force des choses, elle finit toujours par prévaloir, et les rêves de l'imagination par succomber ; vainement l'on élargit les droits d'une corporation, il se trouve toujours sur son territoire des hommes voués librement à son service.

Concluons donc qu'une communauté quelconque, indépendante ou liée par des nœuds de dépendance, peut régner de droit légitime. Elle peut régner non-seulement sur ses membres, mais encore sur les sujets qui lui sont soumis par des conventions volontaires, ou par la nature des faits. On serait honteux d'avoir raisonné si longuement sur une vérité si simple et si manifeste, si l'on ne s'y était vu obligé par les erreurs contraires qui, propagées par l'ignorance et l'intérêt, menacent la société des plus grands périls.

On voit, d'après ce que nous venons de dire, que, dès qu'une communauté riche et puissante a conquis la liberté complète, la souveraineté, elle revêt un double caractère : celui de république et celui de prince collectif ou de seigneur territorial. Elle est république relativement à ses membres, prince relativement à ses sujets. A ce dernier égard, elle a les mêmes droits que les princes. Elle n'a pas reçu, non plus que le seigneur individuel, le pouvoir du peuple, elle le tient de ses droits naturels ou acquis, en d'autres termes, de son indépendance et de ses propriétés.

Envisagée comme société souveraine, la véritable république ne relève donc que de Dieu, c'est-à-dire de la morale, de la justice et de la charité. Elle peut, pour la garantie de ses droits et pour la défense de ses alliés, faire la guerre et conclure la paix. En conséquence, elle a le droit d'exiger de ses citoyens, parce qu'ils partagent la souveraineté, le service militaire et des contributions de guerre ; mais elle ne peut réclamer de ses sujets la même assistance, parce qu'ils ne participent pas aux priviléges de la corporation ; cependant, ceux-ci peuvent y être en quelque sorte contraints en vertu de concessions réciproques. Mais alors la justice oblige à réserver leurs droits dans les traités de paix.

Est-il besoin de dire que la véritable république a, dans son territoire, la plénitude de l'autorité judiciaire? On comprend aussi qu'elle est maîtresse de sa fortune, de ses revenus et de ses dépenses, si bien qu'elle peut en disposer librement sans le contrôle de ses sujets; mais ses fonctionnaires doivent rendre compte à l'assemblée des citoyens ou à leurs représentants, de même que dans les monarchies les ministres rendent compte au souverain. Elle peut posséder, à la seule condition de ne blesser aucune possession antérieure et légitime; elle peut avoir des domaines communs, les affermer à son gré, les confier à des régisseurs, les donner en fief, les concéder à titre de solde ou d'appointements, suivant qu'elle le trouve plus commode ou plus avantageux; elle peut surtout les échanger, les vendre, les aliéner avec moins de réserve que les princes, parce qu'elle les a non pas reçus par testament, conventions de famille ou fidéicommis perpétuels, mais achetés de ses propres deniers, acquis librement en pleine propriété.

Voici une autre chose que nous avons déjà dite : la république peut imposer des contributions directes à ses citoyens, parce qu'elle ne les charge par là que de leurs dépenses communes; mais elle ne pourrait, sans injustice, exercer le même droit à l'encontre de ses sujets, parce qu'elle les obligerait à concourir au bien d'une corporation dont ils ne sont pas membres. On voit d'ailleurs que les impôts établis sur les sujets, fussent-ils consentis librement, seraient plus odieux dans les républiques que dans les monarchies. Car, non-seulement les sujets des républiques ne participent point à la souveraineté de la compagnie régnante, mais on peut même ajouter qu'ils n'en retirent, directement du moins, que peu d'avantages, attendu que d'ordinaire les emplois honorables et lucratifs sont le partage des citoyens. Il ne reste donc aux sujets que bien peu de moyens pour satisfaire leur ambition, et tout espoir d'acquérir des richesses dans les fonctions publiques leur est à peu près interdit.

Mentionnons encore, pour finir cette sorte de nomenclature, un droit que personne ne refuse aux républiques, parce qu'il appartient réellement à chaque homme : c'est le droit de fonder des établissements d'utilité générale, des écoles pour la jeunesse, des hospices pour l'humanité souffrante, des asiles pour la pauvreté, des institutions pour la commodité et la sûreté publiques, etc.

En décrivant les droits de la république, nous les avons circonscrits par cela même. Ils ont les mêmes limites que ceux de la monarchie.

La loi dictée par le suprême législateur, loi de justice et de charité, oblige les souverains collectifs, aussi bien que les souverains individuels. Se contenter de ses droits, ne point attenter à ceux d'autrui, mais plutôt les protéger et les favoriser, voilà en deux mots la somme des devoirs qui sont imposés à la république, non par ses citoyens ni par ses sujets, mais par le souverain Législateur du genre humain. La manie de tout gouverner, de tout administrer, de tout régenter, est plus funeste encore dans les Etats républicains que dans les Etats monarchiques ; car les affaires, se multipliant sans mesure, amènent la convocation fréquente des conseils, la longueur interminable des délibérations collectives, et les pertes continuelles d'un temps infiniment précieux.

Quand les républiques veulent influencer les actions libres et privées de leurs sujets, les tourner vers le bien ou les détourner du mal, elles ont des moyens sûrs et faciles de satisfaire cette noble ambition : l'enseignement et la direction de l'opinion publique, l'attrait de la confiance et l'empire de l'exemple, les faveurs et les disgrâces. A leur tour les sujets ont, pour défendre leurs droits, les mêmes armes dans les communautés que dans la royauté. Ils ne peuvent citer, cela est vrai, l'autorité souveraine devant aucun tribunal humain ; mais les grands abus du pouvoir n'échappent jamais aux châtiments naturels et divins. L'injustice, qui se suscite partout des ennemis, finit toujours par provoquer la résistance. L'artifice et la mauvaise foi, qui détruisent la confiance; la haine et la discorde, qui paralysent les forces de l'Etat et l'obligent à les tourner contre lui-même; l'esprit altier de domination, que suivent de près l'abaissement et la décadence; l'égoïsme, qui amène le refus de toute affection et de tout secours : combien ces passions mauvaises, combien ces vices pernicieux n'ont-ils pas renversé de républiques!

L'iniquité demeure trop souvent impunie; alors elle provoque les haines populaires, dissout les liens des familles, dévore la substance des grands et renverse le siége des puissants.

De ce qu'on vient de dire sur les prérogatives de la seigneurie collective, il résulte une vérité manifeste, que l'erreur seule nous oblige de mettre en lumière : c'est que les sujets, les serviteurs et les ressortissants d'une république ne peuvent à aucun titre réclamer une part dans sa souveraineté ou, comme on s'exprime de nos jours, dans son gouvernement, dans ses droits politiques. Nous convenons franchement que nous devrions céder à la sommation que les prétendus philosophes leur mettent dans la bouche, s'ils avaient créé la compagnie gouvernante en la tirant de leur sein par élection, s'ils l'avaient armée de l'autorité en lui conférant leurs pouvoirs. Mais, comme la théorie du

Contrat social est un rêve absurde, un mensonge contraire à l'histoire; comme toute communauté libre existe par elle-même, qu'elle tient l'autorité de son indépendance naturelle et n'administre au fond que ses propres affaires, de quel droit les simples habitants, les serviteurs, les sujets pourraient-ils revendiquer l'exercice de sa souveraineté et la jouissance de ses biens, puisque ces deux choses ne leur appartiennent pas?

Que sont les droits politiques? C'est une question facile à résoudre en remontant à l'origine de cette expression: *politique* vient de πολις, ville, ou commune; ces droits sont donc tout simplement le droit de cité dans une ville ou commune.

Il faut, par conséquent, être membre d'une commune pour avoir des droits politiques. Or, être membre d'une commune, c'est un bien acquis, non pas un droit naturel. Car la nature ne donne à personne un diplôme de citoyen, ne crée personne membre de telle ou telle corporation (1).

---

(1) L'expression de *droits politiques*, si fréquemment employée de nos jours, était inconnue autrefois dans le style de l'histoire et des chancelleries. Les philosophes modernes ne l'ont introduite dans les républiques et dans les monarchies que pour faire du peuple sujet un monarque ou une communauté souveraine, et pour changer ainsi les valets en seigneurs et les seigneurs en valets.

Pourquoi donc les réformateurs révolutionnaires appellent-ils l'autorité souveraine dans les républiques du nom de *privilége*, de *domination de famille*, d'*oligarchie*, d'*aristocratie héréditaire*, etc. ? Ce sont là des expressions fausses, mensongères, odieuses, faites pour préparer la chute des républiques et des monarchies. Le droit d'administrer librement leurs propres affaires et de disposer des services auxquels d'autres hommes se sont obligés, n'est pas un privilége des républiques, mais un droit naturel qui dérive de leur personnalité et de leurs propriétés communes. Les priviléges sont des exceptions ou des dispenses aux lois ; ils sont conférés par les supérieurs à leurs inférieurs, et les sujets, venant postérieurement, ne peuvent donner des lois à la communauté préexistante ni par conséquent des priviléges ; c'est la communauté, au contraire, qui en donne aux sujets, de même que les rois ou les empereurs en donnèrent aux républiques du moyen-âge.

Les mêmes lois ne peuvent régir, dans les monarchies, les prêtres, les militaires, les magistrats, les fonctionnaires et le peuple ; semblablement, les citoyens, qui sont membres du corps social, et les sujets, qui ne le sont pas, doivent être régis dans la république par des lois différentes ; ainsi le veut la nature des choses, et personne ne verra en cela des faveurs illégitimes. Et veuillez bien le remarquer, je vous prie, ces lois multiples et diverses, ou ce qu'on appelle des priviléges, ne confèrent pas toujours des avantages, mais elles imposent souvent des charges dont les sujets sont affranchis. Si, pour l'ordinaire, on élève aux premiers emplois, non pas les hommes obscurs et de basse condition, mais les citoyens les plus considérés, les plus riches et les plus capables, ce n'est pas non plus un privilége, c'est une préférence volontaire conseillée par la prudence, pour la paix, le repos et le bien de la communauté.

Cette préférence naturelle peut encore moins s'appeler domination de famille. Ce ne sont pas des familles privilégiées, mais des citoyens honorés de la confiance et de la considération publique, qui tiennent les rênes du gouvernement. Le conseil suprême d'une république n'est point une fédération de familles, mais une assemblée de citoyens que la science, la vertu, l'honneur ont recommandés aux suffrages populaires. Qu'un nombre plus ou moins grand de ces citoyens portent le même nom, qu'ils soient plus ou moins étroitement unis par des liens d'amitié et de parenté, cela ne change point la nature de leurs pouvoirs ou de leurs fonctions. Ils siégent dans l'assemblée, répétons-le, comme citoyens et non comme membres d'une même famille. Les votes sont recueillis par tête et non par famille, et les rejetons d'une même souche ne suivent pas toujours, tant s'en faut, la même direction politique.

Au reste, les races élevées changent avec les individus. Tandis que les unes fleurissent et poussent de larges rameaux, les autres se flétrissent et se dessèchent dans la racine, selon l'accroissement ou la ruine de leur force morale et de leur fortune extérieure. Remarquons encore, pour la curiosité du fait, qu'une seule famille peut composer une communauté nombreuse, comme les Bacchiades, qui formaient à Corinthe une corporation jouissant de l'indépendance et d'un vaste territoire.

Quant à l'oligarchie, c'est la ruine de la liberté commune, c'est la corruption du gouvernement républicain; elle consiste dans l'usurpation permanente du pouvoir public au profit d'un petit nombre de citoyens, d'une caste prédominante. De quel droit donc les révolutionnaires qualifient-ils d'oligarchie les communautés qui règnent légitimement sur leurs serviteurs et leurs sujets? On pourrait à ce titre flétrir du même nom toutes les républiques (1).

(1) C'est avec cette absence de justice, qu'en 1798 le Directoire français appelait dans ses proclamations le Haut-Valais, qui était seigneur du bas pays, une réunion de 100,000 *oligarques*; parce que ces citoyens libres repoussaient du haut

Enfin, qu'est ou plutôt que serait l'aristocratie héréditaire? Ce serait une communauté politique où des familles privilégiées hériteraient de droit des charges et des dignités publiques, ou seulement des siéges du conseil souverain. Or, rien de pareil ne se voit, ni ne s'est vu dans le monde. Aujourd'hui, comme dans les siècles passés, des élections générales choisissent librement entre les citoyens ; et quand les fils des magistrats décédés sont appelés à la tête de la république, c'est le scrutin qui a parlé, non la coutume ni les lois. En fait, quel mal y a-t-il à cela? Les descendants des citoyens qui ont servi la patrie n'ont-ils pas trouvé sous le toit paternel, dès leurs jeunes années, la connaissance des affaires et la science du gouvernement, l'exemple des vertus civiques et les leçons vivantes du patriotisme? Quel homme sensé voudrait donc les frapper d'ostracisme politique et les exclure de l'éligi-

---

de leurs montagnes les hordes révolutionnaires, respirant l'amour du pillage et la haine de la vraie liberté. C'est avec le même droit que le fameux avocat vaudois César-Frédéric Laharpe ne cessait de traiter d'oligarchies les nombreuses communautés libres des cantons d'Uri, de Schwitz, d'Unterwalden, etc., parce qu'elles n'acceptaient pas d'enthousiasme ses théories mensongères et liberticides. Vainement la qualification d'oligarque s'efforçait d'être injurieuse ; comme on ne l'appliquait qu'aux gens de bien, elle devint en Suisse un titre d'honneur.

bilité? Cependant, ils ne reçoivent pas les charges et les dignités par héritage, par droit de succession : autrement, ils pourraient les réclamer à titre de propriété, hors de toute élection ; ils pourraient les aliéner, les vendre, les échanger, les faire passer en quenouille à leurs veuves et à leurs filles, choses dont certes aucune république n'a jamais fourni d'exemple. Il y a bien plus. On n'hérite pas même, rigoureusement, du droit de cité ou de bourgeoisie : quelle que soit la faveur dont jouissent les fils des citoyens, ils n'entrent pas dans la communauté sans un acte de réception formelle, ou du moins sans l'inscription sur les registres de la bourgeoisie, et l'admission même ne s'effectue qu'à certaines conditions, après l'accomplissement de certaines formalités (1).

---

(1) Voyez : *Politique d'Aristote*, n° III, chap. I, sur ce que signifiait la dénomination de citoyen.

CHAPITRE XVII

CARACTÈRES DISTINCTIFS DE LA SOUVERAINETÉ COLLECTIVE OU RÉPUBLICAINE.

Bien que les républiques indépendantes rentrent dans la classe des seigneurs territoriaux, et qu'en cette qualité, il leur appartienne d'exercer les mêmes droits, mais aussi d'accomplir les mêmes devoirs de souveraineté, il résulte cependant de la nature d'une autorité collective et de la coexistence de deux relations très-différentes, des différences dans le droit qui les régit et dans la politique qui les gouverne. Nous allons signaler ces différences et montrer les conséquences qui en résultent :

1° Commençons par cette différence caractéristique : Semblables aux autres corporations, les républiques ne meurent point, bien que leurs membres succombent à la mort. Les nouveaux membres et les nouveaux représentants succèdent aux anciens d'une manière imperceptible, si bien que l'on ne remarque aucun changement dans l'essence ni dans la forme du corps politique.

Une association cesse d'exister, non par le décès de ses membres toujours remplacés par d'autres, mais par la rupture du lien qui les unissait entre eux, rupture qui d'ordinaire s'opère lentement, par un travail secret, et que l'on peut comparer, quant à l'effet, à l'extinction d'une race royale. Tant que l'union subsiste, la personne régnante reste la même pendant des siècles. Jamais elle n'est mineure, jamais elle ne vieillit, jamais elle ne se renouvelle. De là une certaine perpétuité, une certaine uniformité des lois, des principes et des usages, laquelle, dans l'origine, leur donne une grande supériorité sur les seigneuries individuelles, celles-ci étant sujettes à tant de variations de vues et de principes. Cette perpétuité des mêmes maximes favorise encore, dans l'intérêt des citoyens et des sujets, la stabilité de toutes les choses, le maintien paisible de tous les droits privés des individus et des corporations ; mais d'autre part, elle produit tout aussi souvent, et jusque dans des formes peu importantes, une accablante monotonie, un état de choses stationnaire et dépourvu de toute variété.

Si l'on veut observer et connaître les mœurs et les coutumes, les vertus et les vices des aïeux, tels qu'ils existaient il y a des siècles, on n'en trouvera nulle part un tableau plus fidèle que dans les républiques (1). Toujours il en restera des traces visibles et nombreuses, malgré les changements de fortune et les relations qui se sont établies avec d'autres peuples. Il n'y a pas jusqu'aux locutions particulières au pays, qui ne s'y perpétuent plus longtemps qu'ailleurs. Tout ce qui tient à l'ordre social et public, demeure invariablement. Seules les actions abandonnées à l'initiative individuelle varient selon la position, le goût et la fortune des particuliers.

Les républiques n'ont point ces époques de rajeunissement et de rénovation, qui se produisent dans les monarchies à chaque changement de règne, qui remplissent tous les cœurs d'espérance, et aident à supporter les maux présents parce que l'on en prévoit la fin plus ou moins prochaine; mais elles peuvent les remplacer, jusqu'à un certain point, soit par la durée limitée des emplois supérieurs, soit par le recrutement périodique des grands conseils ou des assemblées représentatives. Ce recrutement verse comme une vie nouvelle dans le corps social, et voilà pourquoi le renouvellement intégral est préférable au renouvellement individuel des membres décédés.

(1) Je parle des républiques véritables, mais non des échafaudages révolutionnaires fondés sur la destruction progressive et le renversement de toutes choses.

2° La seconde différence n'est pas moins caracté-sirtique. La voici :

La constitution de la communauté libre est et demeure toujours la chose principale, car c'est sur elle que repose le fondement de l'Etat et collective l'existence même de la personne souveraine.

Ce que le prince et sa maison sont dans les monarchies, l'union des citoyens et les lois nécessaires à l'ordre intérieur le sont dans les républiques ou les communautés souveraines.

La constitution forme la vie, et les lois nécessaires, la santé de la personne collective. La nature elle-même conserve la personne physique et l'union de ses membres ; mais le corps artificiel formé par des combinaisons humaines ne peut être conservé que par la main de l'homme. Et comme la conservation des rapports entre les citoyens, ou du droit intérieur, est d'une importance capitale, et que d'ailleurs elle embrasse une multitude d'objets, les soins multiples et toujours pressants qu'elle exige peuvent et doivent souvent faire négliger et perdre de vue les intérêts extérieurs de la communauté. Que son territoire s'étende ou se resserre, que le nombre de ses sujets augmente ou diminue, que sa fortune, ses revenus et ses établissements soient bien ou mal administrés, l'association subsiste ; l'Etat, pour parler la langue du jour, n'est pas détruit. Mais, sitôt que la discorde a détruit le ciment de l'édifice et brisé l'union artificielle du faisceau politique, la personne régnante perd son peuple, son territoire, toute sa fortune ; les sujets restent sans appui ni direction ; ils errent comme un troupeau sans pasteur ; ils cherchent et se donnent de nouveaux maîtres : l'Etat est anéanti.

3° Les magistrats ou chefs d'une république ont avec leurs concitoyens de tout autres rapports qu'avec les ressortissants extérieurs de la communauté ; il ne faut jamais confondre ces deux sortes de rapports. La violation de cette règle, amenant à sa suite l'uniformité despotique et contraire à la nature des choses, produit la confusion et les injustices les plus révoltantes. Des lois égales ne conviennent point à des positions inégales. Les citoyens ne peuvent être assujettis aux obligations des sujets, ni les sujets aux devoirs des citoyens.

Il faut donc distinguer soigneusement et toujours les lois qui concernent les citoyens seuls, puis les lois qui n'obligent que les sujets, puis enfin les lois qui sont applicables aux uns et aux autres.

La nécessité de cette distinction apporte de grandes difficultés dans le gouvernement des républiques. Car il faut une sagacité peu commune, il faut un grand esprit de justice, pour se placer tour à tour par la pensée dans des rapports différents, pour agir tantôt en seigneur et tantôt en concitoyen, pour maintenir ici le droit du prince, là le droit des citoyens, sans jamais les confondre. Tandis que les lois divines ou naturelles sont universelles et obligatoires pour tous, les lois humaines n'obligent que ceux pour qui elles ont été faites : d'où il suit que ces deux sortes de lois sont nécessairement différentes.

Les droits innés sont égaux pour tous, au lieu que les droits acquis sont inégaux : ces deux sortes de droits demandent donc pour leur maintien des lois particulières. De même encore, si l'on excepte les devoirs généraux de l'humanité, nul n'est tenu qu'aux obligations de ses rapports individuels et de ses libres engagements ; lui demander au delà de ses obligations, ce serait porter atteinte à ce qui lui appartient et le blesser dans ses droits.

L'application de cette règle aux seigneuries collectives mérite quelques explications spéciales, et l'on se tromperait grandement si l'on s'imaginait que, favorisant uniquement les citoyens, elle porte préjudice à la liberté personnelle des sujets.

Il est incontestable que les sujets sont à plusieurs égards, dans les actes privés, beaucoup plus libres que les citoyens. Sans doute, on ne peut réclamer en leur faveur l'admission dans les assemblées de la communauté dont ils ne sont pas membres ; autant vaudrait exclure ceux qui appartiennent au corps social ; mais, d'une autre part, ils échappent à une foule de devoirs onéreux qui pèsent sur ceux qu'on appelle *les privilégiés*. Ainsi l'on peut exiger du citoyen, comme tel, des contributions, des services militaires et toutes sortes de prestations gratuites, parce qu'il les acquitte, en quelque manière, pour sa propre chose ; mais on ne pourrait imposer aussi rigoureusement ces charges au sujet, du moins sans compensation, parce qu'il ne jouit point des avantages de la corporation. Certaines lois d'ordre, de convenance et, pour ainsi dire, de discipline, pèsent sur les citoyens pour le maintien de la concorde et l'administration régulière des affaires ; mais à l'égard des sujets, ces lois seraient sans objet, et par conséquent inutiles. Les lois interdisant le partage inégal de la succession paternelle, le droit de primogéniture, ainsi que les alliances de famille dans un degré trop rapproché, etc., sont sinon indispensables, du moins sages et utiles dans la république, soit pour multiplier les liens d'affection entre les citoyens, soit pour prévenir l'accumulation des richesses dans les mains de quelques citoyens, cette accumulation étant contraire à l'esprit républicain, à raison de l'influence prépondérante qu'elle donne.

Mais des lois pareilles seraient difficilement motivées, en ce qui concerne les sujets de la communauté, et encore plus relativement à ceux de la monarchie.

La république ne peut non plus, sans péril, tolérer parmi ses citoyens deux religions différentes ; car l'union qu'elle exige a sa plus sûre garantie dans l'unité de foi, de croyances et de sentiments, et la division dans les esprits amène tôt ou tard la division dan l'Etat. La différence de religion paraît au contraire moins dangereuse parmi les sujets, parce qu'ils ne sont point réunis en une communauté, qu'ils vivent dans un contact moins fréquent, et qu'ils sont d'ailleurs sous un pouvoir supérieur, capable de prévenir la discorde, de ramener la paix et l'union. Est-il besoin de dire que les citoyens membres de la corporation souveraine doivent être traités avec plus d'égards que les sujets ; qu'ils ont le droit d'être gouvernés par la confiance, la persuasion, rarement par le pouvoir et la force, hormis d'impérieuses circonstances ; que sous tous les rapports, il est préférable pour eux d'entendre dans la bouche des magistrats la parole d'un ami plutôt que les injonctions d'un maître ? Et, par une autre conséquence de leur souveraineté, les citoyens ne prêtent pas serment aux magistrats, mais les magistrats prêtent serment aux citoyens, ou plutôt à la république (1). On conçoit, au contraire, que les sujets ou du moins les villes et les vassaux immédiatement subordonnés à la république lui prêtent serment de fidélité aux mains de sa magistrature. Les citoyens doivent, au moins dans certains cas, ressortir d'une juridiction particulière, et cela pour le bien de la justice et dans l'intérêt de tous. Les tribunaux ordinaires et subalternes ne pourraient protéger toujours efficacement les sujets contre les citoyens ou les magistrats puissants par la fortune et la considération. Celui-là seul doit être juge, qui peut faire exécuter sa sentence. De sorte que la juridiction supérieure appartiendra à la magistrature et, dans les cas de grande importance, à l'assemblée souveraine.

Il est clair aussi que le citoyen a plus de droit aux places, aux emplois et aux bénéfices de la société dont il est membre. Il supporte les charges : pourquoi ne jouirait-il pas des avantages ? On peut d'ailleurs, généralement parlant, attendre de lui plus de zèle et de désintéressement que de ceux du dehors, parce que la

---

(1) C'est là ce qui avait lieu dans les anciennes républiques suisses, avant la révolution. Le serment que, dans quelques républiques modernes, citoyens et non-citoyens prêtent aux gouvernements, tandis que les gouvernements ne leur en prêtent point, est une conséquence ou une imitation du serment révolutionnaire appelé civique.

chose publique est en même temps sa propre chose.

Or, puisque la communauté souveraine a le droit d'exprimer ses volontés librement, elle doit avoir la faculté de les faire exécuter selon son jugement. Elle peut accorder des grâces et des priviléges, quand ils dépendent uniquement de son libre arbitre et ne blessent les droits de personne ; elle peut et doit les accorder à ses membres plutôt qu'à d'autres. Ainsi, la république peut remettre à ses citoyens, en tout ou en partie, les droits régaliens, les taxes ou émoluments, les péages des ponts et des routes, toutes choses que le prince individuel ne se paye pas non plus à lui-même. Elle peut permettre la chasse dans ses domaines publics, mais non dans les propriétés libres et privées. Elle peut accorder ou refuser toutes ces choses selon sa volonté et dans la mesure de la prudence.

Cependant, qui ne le comprendra? les faveurs et les distinctions qui mettent un grand nombre de citoyens en évidence dans un rang privilégié, font incessamment sentir aux sujets leur infériorité, blessent leur amour-propre, éveillent en eux la jalousie et leur rendent le gouvernement plus ou moins odieux.

Mais d'une autre part, il faut le reconnaître aussi, ces distinctions découlent de la nature des choses; elles sont fondées sur la différence des rapports sociaux et respectent scrupuleusement la justice, puisqu'elles ne blessent la propriété de personne.

Personne n'a droit à des avantages gratuits, à de simples faveurs ; et dans les choses qui ne sont rigoureusement dues à qui que ce soit, la communauté comme le particulier, la république aussi bien que le prince, peut sans injustice se montrer plus bienveillante et plus généreuse envers les uns qu'envers les autres.

D'ailleurs, les bourgeois, dans les villes de province et dans les communes rurales, jouissent souvent d'avantages et de faveurs semblables, qui n'appartiennent point aux membres de la communauté souveraine. Les citoyens des villes ou des communes provinciales occupent exclusivement les emplois dans leurs établissements publics ; ils sont exempts de certains péages et d'autres redevances locales ; ils jouissent des droits de chasse et de pêche sur leurs propriétés communales. Malgré tout cela on ne les appelle pas des privilégiés.

Effectivement, ici comme partout, point d'inégalité de droits entre les grands et les petits, mais inégalité de fortune. Et cette inégalité, en même temps qu'elle relie les citoyens entre eux, les attache plus étroitement à la chose commune. Si vous voulez atténuer les inconvénients qu'elle peut offrir, ne fermez pas les portes de la communauté aux sujets notables, mais rendez-leur possible, par des conditions équitables, l'acquisition du droit de cité. Cette possibilité désarmera l'envie, soutiendra l'espérance et donnera une sage direction aux ambitions légitimes.

Passons à un autre caractère des républiques.

4° Comme elles ont un grand nombre de membres capables d'accomplir toutes sortes de travaux, les seigneuries collectives administrent elles-mêmes la plus grande partie de leurs affaires, et n'ont besoin de choisir, hors de leur sein, qu'un petit nombre de serviteurs ou d'employés.

Dans la monarchie, le prince individuel est forcé de choisir parmi ses sujets une multitude d'officiers et de fonctionnaires, auxquels il délègue une portion de sa puissance, et qu'il associe en quelque manière à sa fortune, pour s'assurer leur dévouement. Dans la république, au contraire, comme la communauté nombreuse régit elle-même ses propres affaires, elle n'a pas besoin du secours de ses sujets. Il y a plus encore : elle ne pourrait sans danger prendre ses principaux fonctionnaires hors de son enceinte, parce qu'elle ferait naître la pensée qu'elle manque d'hommes capables, et parce qu'elle ne pourrait attendre de personnes étrangères à sa grande famille, autant de zèle et de désintéressement qu'elle est en droit d'en espérer de ses membres. Aussi les républiques sont-elles ordinairement administrées avec plus d'abnégation et moins de frais; la raison en est, nous ne saurions trop le redire, que la chose publique et commune est en même temps la chose particulière de chaque citoyen. Car bien qu'une communauté ne puisse exiger tout le temps et tout le travail de ses membres, et bien qu'elle ait aussi des emplois lucratifs, quoique rarement viagers, il n'en est pas moins vrai qu'un grand nombre de services, rétribués dans la monarchie, sont rendus gratuitement dans la république. On ne saurait croire jusqu'où l'économie peut être portée dans un Etat collectif lorsqu'un grand nombre de citoyens jouissent d'une certaine aisance et que l'esprit public s'y est maintenu plein de force et de vie.

Mais de là il résulte un inconvénient (1) qui ne se trouve pas dans la royauté; c'est que la république offre rarement à ses sujets les moyens de s'élever aux honneurs, d'acquérir des richesses, de satisfaire leur ambition. Regardant sans espoir dans l'avenir, éloignés des fonctions honorables et lucratives, ils bornent leur activité dans les petits emplois de leur bourgade, dans l'exercice de l'industrie ou dans la jouissance oisive de leurs biens. Quand ils désirent les distinctions, ce qu'on appelle la gloire, il faut qu'ils aillent les cher-

(1) Si toutefois c'en est un digne d'être mentionné.

cher à l'étranger, loin du pays; et si cet inconvénient est plus ou moins compensé par d'autres avantages, une seule chose peut le faire oublier parmi les sujets, c'est l'espoir d'obtenir le droit de cité, d'être incorporé à la communauté souveraine.

Avançons.

5° Les sujets des républiques n'ont d'obligations spéciales qu'envers la communauté tout entière, et non envers ses membres individuels. Donc un seul maître, et non pas plusieurs. Car il ne faut point l'oublier, qui forme, ici, le prince ou le souverain? Evidemment la réunion de tous, et non les citoyens pris individuellement, ni même les magistrats.

Ce n'est pas la volonté privée qui règne et gouverne dans les républiques, mais la volonté commune, exprimée par une majorité formelle. Hors des assemblées, les citoyens et même les magistrats, à moins qu'ils n'agissent dans l'exercice de leurs fonctions, sont considérés comme de simples particuliers.

L'oubli de cette importante distinction peut amener des conséquences funestes à la république, parce que, d'une part, il produit l'orgueil des citoyens et l'envie des sujets, et que de l'autre l'amour-propre blessé irrite souvent plus les hommes que l'injustice.

6° Il est naturel, néanmoins, que les magistrats d'une république, surtout quand ils joignent à l'autorité l'illustration personnelle, un nom avantageusement connu et la supériorité de la fortune, jouissent d'une plus haute considération que les sujets, même les plus distingués. Rome et Carthage, Venise et Gênes, ainsi que plusieurs villes et communautés de la confédération suisse, voyaient au nombre de leurs vassaux et de leurs sujets des personnages de haute distinction; mais les chefs de la communauté souveraine les laissaient bien au-dessous d'eux dans la considération publique, surtout quand ils les égalaient ou les surpassaient, comme cela devait arriver souvent, par la fortune, par les relations sociales, par les alliances de famille. En général, les magistrats revêtus du pouvoir sont plus en évidence, parce qu'ils sont placés plus haut, et par conséquent plus connus et plus célèbres, plus riches et plus puissants : nous l'avons montré précédemment, en parlant de la noblesse.

7° Voici la dernière différence que nous devons signaler : les républiques ont peu de moyens d'agrandissement, et c'est pourquoi leur territoire est ordinairement moins étendu que celui des monarchies. Les républiques ne peuvent acquérir ni par succession héréditaire, ni par mariage. Les donations testamentaires ou autres leur offrent peu de ressources; car elles se font de préférence aux églises et aux donations pieuses, au moyen desquelles elles vont plus directement à l'avantage de tous. Les corporations laïques n'ont point de proches et peu d'amis. Il leur reste donc pour toute ressource les achats, les échanges et les autres contrats onéreux; mais elles n'ont que rarement l'occasion et les moyens d'en profiter. Les conventions sans acquisition territoriale, telles que les alliances favorables, les soumissions conditionnelles, les stipulations de servitudes politiques, s'ouvrent, il est vrai, devant leur zèle et leur activité, et peuvent en quelque sorte offrir d'importantes compensations; Rome, ainsi que plusieurs autres communautés souveraines, a su les faire tourner à son profit avec autant de persévérance que d'habileté.

Mais les républiques sont entravées dans les négociations par la divergence des opinions dans les conseils, et par la publicité plus ou moins inévitable des délibérations; et, comme on éprouve d'ailleurs plus de répugnance à se soumettre à une seigneurie collective qu'à un prince individuel, elles trouvent moins d'avantages qu'on ne pourrait le croire dans ces moyens d'agrandissement.

Quant aux conquêtes, elles ne sont pas impossibles dans les Etats dont nous parlons : l'histoire le montre par des faits éclatants.

Dans les premiers temps de leur existence, et tant qu'elles doivent combattre pour leur liberté, les républiques sont plus guerrières, plus turbulentes et plus dangereuses pour leurs voisins que les monarchies, et c'est alors qu'elles agrandissent ordinairement leur territoire par la force des armes. Mais du moment que la lutte est terminée, que le péril a disparu et que l'époque du repos est arrivé; lorsqu'après la défaite ou les humiliations, l'ardeur et les passions se sont tournées vers les affaires de l'intérieur, les républiques abdiquent l'amour de la guerre et des conquêtes. Leurs citoyens se livrent à l'accroissement et à la jouissance de leur fortune privée, et rarement l'on peut, dans les corporations nombreuses et plus ou moins amollies par le repos, réveiller l'ancienne vigueur de l'esprit public et la primitive énergie des caractères. Disons aussi que les grandes conquêtes amènent toujours et pour ainsi dire nécessairement la chute des républiques. Comme elles sont obligées de confier le commandement de leurs armées à l'un de leurs concitoyens, quelquefois même à un étranger, il arrive que ces généraux acquièrent par leurs victoires et par les nombreux adhérents qu'ils attachent à leur fortune, une puissance trop prépondérante. Habitués au commandement, ils ne s'accommodent plus de l'égalité civique. Tôt ou tard ils s'érigent en maîtres, et beaucoup de leurs anciens concitoyens les aident dans leur usurpation, préférant à une liberté orageuse et souvent plus apparente que réelle, la soumission paisible, qui ne leur donne pas moins la puissance et la fortune. On voit par là que, sous ce rapport encore, des prétentions modestes, un territoire de médiocre étendue et une conduite bienveillante envers les voisins, sont pour les républiques une nécessité indispensable et la plus sûre garantie de leur existence.

CHAPITRE XVIII

DE LA CHUTE DES RÉPUBLIQUES.

Comme les républiques ou communautés indépendantes reposent sur un double fondement, d'une part sur la réunion artificielle de leurs membres, de l'autre sur leur seigneurie collective et souveraine, il s'ensuit qu'elles peuvent périr de deux manières : d'abord par la perte de leur puissance et de leur indépendance; ensuite par la rupture de l'union qui les reliait comme en un faisceau, rupture que l'on peut comparer à l'extinction d'une dynastie royale.

Quant à la première cause de ruine, on comprend que les républiques partagent à cet égard avec les princes les mêmes dangers, dangers que nous avons signalés, en parlant de la chute des Etats monarchiques (1). Cependant, les républiques ont, sur les monarchies, plusieurs avantages qui devraient, semble-t-il, leur assurer une plus longue existence. Elles ne succom-

(1) Voyez vol. II, chap. XLIV.

bent point sous les coups de la mort naturelle ; car elles se perpétuent par l'incorporation incessante de nouveaux membres. Chez elles, point d'ordre de succession, ni par conséquent de compétitions à la couronne. Le partage du territoire y est impossible, et la mauvaise administration des domaines beaucoup moins à craindre. Les nombreux employés de tous grades qui s'empressent autour des rois, pour le service de leur personne et pour la splendeur de leur maison, la république n'en a que faire. Un trésorier tenant la caisse publique, un secrétaire assisté de quelques aides et de quelques commis, une douzaine d'huissiers et de messagers, un gardien de la maison commune, du bois et des bougies pour éclairer et chauffer la salle de ses assemblées : voilà tout ce qu'il faut pour le service personnel d'une petite république. Lorsqu'il s'agit d'un Etat républicain plus considérable, il est nécessaire d'ajouter à ces charges la direction des domaines, l'administration de la justice, l'entretien des troupes et la diplomatie, qui lui imposent l'obligation d'avoir un plus grand nombre d'employés. Ceux-ci ont les mêmes titres et les mêmes fonctions que les employés des princes. Mais comme les républiques ont, avec non moins de ressources, des habitudes plus simples et des prétentions moins élevées ; comme elles n'entretiennent que peu de troupes, et rarement ou jamais des ambassades permanentes; comme d'ailleurs elles reçoivent de leurs citoyens beaucoup de services gratuits ou médiocrement rétribués, elles marchent à bien moins de frais que les Etats monarchiques (1). D'autre part, des lois sévères, réglant l'administration de la fortune publique, les protégent contre les dissipations désordonnées. Tout cela donne l'explication de ces faits généraux : que les républiques sont économes et peu prodigues, qu'elles font ordinairement des épargnes, qu'elles ont un crédit solide, et que les monarques les plus puissants leur demandent quelquefois des subsides et des secours (2).

A côté de ces avantages se présentent aussi des inconvénients. Les républiques ne peuvent acquérir par partage non plus que par mariage. Elles n'ont la main

(1) A l'époque où l'auteur écrivait ces lignes, ce tableau d'un Etat républicain était parfaitement exact; mais il faut avouer qu'il ne l'est malheureusement plus aujourd'hui. (Note de l'éditeur.)

(2) On trouve, à la vérité, des républiques, des villes et des communes dont les finances sont délabrées. Toutefois les exemples en sont plus rares qu'ils ne le sont dans les monarchies, et toujours la cause de ce mal se trouve dans des calamités extérieures, comme sont des guerres malheureuses, des contributions imposées par le vainqueur, etc., ou bien dans la corruption des institutions intérieures, de laquelle il résulte que le gouvernement se trouve de fait dans les mains d'une faction qui dispose à son gré, et dans son propre intérêt, de la fortune commune.

faite ni pour les négociations diplomatiques, ni pour la guerre; elles y trouvent souvent, par de fausses manœuvres, la défaite et la ruine. Les guerres extérieures ne sont ordinairement bien conduites, dans ces sortes d'Etats, qu'à l'époque du premier enthousiasme qu'inspire la naissance de la liberté; plus tard, on voit les opérations stratégiques échouer, tantôt par le manque de discipline, tantôt par la lenteur et l'indécision du commandement. Car le sentiment de l'égalité républicaine repousse l'obéissance militaire ou tout au moins la rend très-pénible; et quand la décision dépend du conseil et des suffrages de plusieurs, souvent du grand nombre, les résolutions contraires prévalent tour à tour et se paralysent réciproquement. Aussi l'expérience montre-t-elle que les républiques sont presque toujours forcées, dans la guerre, d'avoir recours au pouvoir illimité d'un dictateur. Alors, qu'arrive-t-il? Soutenu par ses égaux de la veille et par ses subordonnés d'autrefois, entouré bientôt d'une foule de partisans, le dictateur cherche à se maintenir dans la possession du pouvoir et prépare ainsi la ruine de l'Etat.

Un autre inconvénient de la république, c'est que l'autorité collective, si juste et si modérée qu'elle puisse être dans son exercice, excite toujours l'envie des sujets et ne satisfait jamais leur ambition.

On n'aime généralement pas à être gouverné par un maître composé d'un grand nombre d'hommes qui, personnellement et individuellement, ne se distinguent point de ceux qui leur sont soumis. Et comme les citoyens occupent presque exclusivement, ainsi que nous l'avons remarqué déjà, les emplois honorables et lucratifs, les sujets ou les simples habitants sont privés d'une foule d'avantages qu'ils trouveraient dans le service d'un prince individuel.

Les républiques doivent donc rencontrer, beaucoup plus que les rois, des haines et des inimitiés redoutables dans leurs sujets, et jamais elles ne peuvent compter sur leur attachement sincère et constant. Ajoutons que les guerres intestines sont bien plus funestes aux Etats républicains qu'aux Etats monarchiques. D'une part, les sujets mécontents ou insurgés peuvent facilement, grâce à leurs relations, se former parmi les citoyens gouvernants des partis puissants, qui paralysent plus ou moins les mesures adoptées par la majorité; d'autre part, les assemblées souveraines, une fois transportées par la passion, deviennent beaucoup plus violentes que les individus. Confiantes dans leur droit et dans leur puissance, elles repoussent toute mesure de prudence comme une faiblesse, et se préparent par là même des timidités et des défaillances pour l'avenir. D'ailleurs, une communauté demeurant toujours une seule et même personne, conserve plus longtemps l'aigreur et le ressentiment; ce qui la rend moins propre à résoudre ce difficile problème, de terminer avantageusement les dissensions intestines.

Mais, l'ennemi qu'elles doivent le plus redouter, les républiques le trouvent dans leur intérieur, c'est-à-dire parmi leurs citoyens. Les républiques étant fondées sur des forces individuelles à peu près égales et sur des besoins communs variables à l'infini, elles ne peuvent subsister que par l'esprit de concorde.

Or, tout le monde sait combien il est difficile de maintenir l'union parmi des hommes égaux en droits et à peu près en forces, surtout quand des intérêts contraires d'une haute importance sont mis en question, et plus encore, lorsqu'une partie est lésée par l'autre.

On ne peut diviser un prince contre lui-même, précisément parce qu'il forme une seule personne physique; mais dans une assemblée nombreuse, la division est facile et souvent inévitable.

Direz-vous que chacun aime le bien général et la patrie, et que tous les cœurs se réunissent dans cet amour généreux ?

Ces lieux communs, dénués de signification, n'ont jamais produit la paix et la concorde. Le bien général, l'amour de la patrie, qu'est-ce que cela?

On attache au mot *patrie* des sens multiples et divers, des idées tantôt plus larges, tantôt plus étroites. Les uns entendent par patrie le pays et ses institutions, les lois et les coutumes héritées des ancêtres, les biens et les établissements qu'on veut transmettre à la postérité ; les autres ne voient sous ce terme que le sol national et ses habitants ; d'autres encore, le restreignent à la communauté régnante ou simplement à la classe sociale dont ils font partie ; et dans tous les temps, des fanatiques et des ambitieux se sont rencontrés, qui regardaient leur propre cause comme celle du pays, et qui, sacrifiant tout à leur intérêt particulier, prétendaient encore servir la république.

Les idées qu'on se fait du bien général ne sont pas moins divergentes. On le met tantôt dans une chose, tantôt dans une autre, et réellement le même acte, la même institution, peuvent devenir utiles ou préjudiciables suivant la fin que l'on se propose.

Pour ne donner que peu d'exemples, tel vante le repos et les arts de la paix comme la fin suprême des Etats ; tel autre préconise la guerre comme le seul moyen d'assurer l'indépendance de l'Etat et de sauver l'honneur national. Celui-ci prêche l'indépendance absolue du pays, et donne pour règle universelle l'isolement le plus sévère au milieu des peuples et loin des princes ; celui-là trouve plus sage d'entretenir des relations étroites avec les puissances étrangères, afin d'assurer à la république des alliances utiles, même au prix de légers services, ces alliances et la considération qui s'y rattache offrant d'ailleurs aux commerçants et simples citoyens des débouchés et autres avantages de diverse nature.

L'un veut favoriser à la fois l'agriculture, l'industrie, les arts, le commerce, et porter ainsi la richesse nationale au plus haut point de prospérité; l'autre pense que la simplicité des mœurs, la médiocrité des fortunes, donnent seules le véritable bonheur, et regarde le vice et l'ambition comme les suites inséparables du luxe et de l'opulence. Il en est qui brûlent de réformer, suivant leurs vues les institutions et les lois qu'ils trouvent défectueuses ou surannées, disant qu'il faut marcher avec les idées et les lumières du siècle; d'autres se lèvent pour défendre religieusement les coutumes, les mœurs et jusqu'aux préjugés des ancêtres, et voient dans toute déviation des anciens principes la ruine de l'Etat.

A toutes ces divergences d'opinions viennent se joindre les controverses acharnées, la lutte des doctrines religieuses ou politiques.

Le plus dangereux dissolvant de toute société, surtout dans un Etat républicain, est ce funeste esprit de secte, qui perpétue le trouble et la division. La loi divine, bien qu'elle résolve tant de questions politiques et qu'il lui appartienne de diriger l'amour de la patrie, ne suffit pas toujours, même dans son accomplissement, pour maintenir la concorde parmi les citoyens. Car une foule d'opinions contraires peuvent s'agiter, sans sortir des bornes de la justice et d'une liberté licite, c'est-à-dire renfermée dans le domaine de la prudence.

Il n'est même pas une seule mesure concernant la religion ou la politique, qui ne puisse être considérée sous plusieurs faces, et réputée par différents esprits tout ensemble utile et nuisible à la chose publique. Quand on est d'accord sur le but, on se divise sur les moyens : quel sera le mode et la forme de l'exécution ? Quels en seront le temps et les instruments ? Voici des politiques qui aiment les actes énergiques et prompts ; en voilà d'autres qui sont pour les combinaisons lentes et mûrement calculées. « Point de faiblesse, point de concession, » disent les premiers. « Négocions, transigeons, » s'écrient les seconds. Tel trouve tous les moyens bons : tel n'en veut que de justes et d'équitables. Et comme ces sortes de contestations ne se tranchent guère par le raisonnement, vu que tous les partis en produisent d'également spécieux, l'on en vient jusqu'à sonder les cœurs et scruter les intentions. Bientôt l'on jette le soupçon sur la moralité de ses adversaires ; on attribue leurs propositions les plus sages, les plus droites et les plus généreuses à des sentiments pervers, à des vues intéressées, voire à la trahison. Bientôt les hommes les plus estimables et les mieux faits pour s'entendre se divisent, se prodiguent l'outrage, s'attaquent avec acharnement et se font une guerre implacable. Cependant la divergence des opinions politiques ne produit pas toujours ces funestes effets. Ordinairement les affaires courantes, de médiocre importance, absorbent les soins de la représentation nationale : dès qu'elles ont reçu leur solution, les conseillers s'empressent de retourner à leurs occupations particulières, et la minorité se soumet à la majorité. Mais qu'un objet majeur, comme la déclaration ou la conduite d'une guerre, la conclusion d'un traité de paix ou d'alliance, le retranchement ou l'addition d'un article fondamental dans la loi constitutionnelle, l'abaissement ou l'élévation d'un magistrat puissant ; qu'une question capitale, renfermant pour ainsi dire le sort de l'Etat, vienne se joindre à la division naturelle des esprits : alors la minorité, trouvant de nombreux adhérents dans le pays, se raidit contre la majorité ; la querelle s'envenime, les passions s'enflamment, l'incendie porte ses ravages d'un bout à l'autre du pays, et les factions tour à tour oppressives et opprimées finissent par amener la ruine de la république, son assujettissement extérieur ou intérieur.

Une autre cause délétère qui mine le principe vital des États républicains, c'est une consomption lente, mais inévitable à la longue, mais mortelle de sa nature ; c'est le relâchement et la corruption de l'esprit public.

Cet ulcère, — quel autre nom donner à ce mal rongeur ? — commence à se manifester du moment où le besoin créateur qui a noué le lien de la communauté cesse de se faire sentir ou se trouve satisfait.

Si, comme nous venons de le voir, la discorde civile et l'exaspération patriotique consument la république dans l'ardeur d'une fièvre dévorante, l'extinction de l'esprit public la paralyse par la torpeur d'une léthargie glacée, semblable à la mort. Or l'esprit public périt et dans la trop longue prospérité et dans les revers multipliés. La communauté s'est constituée, cimentée, je le suppose, dans le but de garantir la sûreté de ses membres, de résister à l'ennemi du dehors, de favoriser le commerce, d'accomplir un vœu : alors le lien social, formé par ces besoins divers, va se relâchant avec l'accomplissement de la fin commune ; à mesure que la sécurité s'établit, que l'indépendance s'affermit, que les richesses s'accumulent, que le vœu se remplit, on devient indifférent, on perd de vue le but commun.

Parvenue à ces différents termes, l'association n'a plus d'autre motif d'union que la force de l'habitude et la possession de la fortune commune. Ajoutons les avantages matériels que cette fortune procure, et les moyens qu'elle donne à ses membres de satisfaire leur ambition et de jouir des agréments et des commodités de la vie. Ce mobile peut encore mouvoir la société, mais il n'a plus rien de spirituel ni de moral. Où est l'esprit public, quand l'on ne recherche dans la chose publique que l'avantage particulier? Dans ce grossier matérialisme, tous se précipitent vers les jouissances matérielles, et l'on voit paraître cette corruption de mœurs qui suit presque toujours la haute fortune, mais qui mine la république plus profondément encore que la monarchie. Et que de vices cette corruption n'entraîne-t-elle pas à sa suite : le luxe et la mollesse qui énervent les caractères et produisent la haine de toute privation, de toute peine et de tout travail; le mépris des antiques vertus, des traditions, des formes et des coutumes républicaines; l'intérêt personnel qui, secrètement d'abord, puis publiquement, sépare la chose privée de la chose commune (1); l'insouciance qui provient de l'aversion pour les veilles et les occupations sérieuses, ou bien de cette funeste illusion qui conclut de la longue possession du bonheur à sa durée perpétuelle.

---

(1) C'est ce que les Romains exprimaient si bien par ces mots : Incuria rei publicæ ut alienæ.

Et que l'on ne vienne plus nous dire que les citoyens les plus riches sont aussi les plus dévoués à la chose publique, parce qu'ils ont plus à perdre et plus à conserver. La raison et l'expérience nous apprennent le contraire. Il y a d'honorables exceptions à la règle : les vertus républicaines peuvent se trouver et se trouvent quelquefois dans toutes les conditions; mais, généralement parlant, l'association devient plus indifférente à mesure que l'on peut s'en passer et se suffire à soi-même. Les citoyens parvenus au comble de la fortune consentent bien encore à faire des sacrifices pécuniaires, mais on obtient rarement d'eux le sacrifice beaucoup plus précieux d'un cœur fidèle et dévoué, d'un travail pénible, de la persévérance, du temps, de la santé, de la vie même.

D'ordinaire, les républicains parvenus à l'opulence, préfèrent les loisirs et l'indépendance aux emplois secondaires, qui sont pourtant la véritable école et l'exercice perpétuel du patriotisme. On ne peut en disconvenir, les richesses favorisent singulièrement cette apathie, qui laisse le champ libre aux intrigants.

Or, une fois plongés dans cette funeste apathie, les places les plus élevées n'ont pour les riches que peu d'attraits, à moins qu'une longue habitude, une haute vertu ou une grande ambition ne viennent les y pousser. Les assemblées fréquentes, les travaux et les affaires sérieuses pèsent lourdement sur leurs épaules, parce que toutes ces choses leur dérobent une partie du temps qu'ils voudraient consacrer à leurs intérêts ou à leurs plaisirs, que d'ailleurs elles sourient médiocrement à leurs goûts, et que le résultat flatte peu leurs prétentions.

Il faut avouer, du reste, que la communauté avec un grand nombre d'hommes a toujours quelque chose de blessant pour l'amour-propre des citoyens distingués par la richesse et la puissance : ils n'aiment point à se voir mêlés trop souvent à des hommes qui, s'ils paraissent leurs égaux en droits, sont en réalité leurs inférieurs en fortune, en rang, en éclat. Ils pensent qu'ils conserveraient tout aussi bien leurs propriétés sous un autre ordre de choses.

Ils sont persuadés qu'ils les sauveraient encore dans les temps de troubles et d'agitations en cédant à l'orage. Souvent il leur arrive de s'imaginer qu'ils brilleraient davantage hors de la communauté civile ; que le service d'une grande puissance ouvrirait aux familles nobles une carrière plus belle et plus avantageuse ; qu'ils arriveraient plus sûrement aux honneurs par cette voie semée de fleurs que par la faveur populaire, incertaine, aveugle, capricieuse, ingrate, qui en définitive ne peut pas donner beaucoup, ou qui, possédée du démon de la haine et de l'envie, ne veut donner que très-peu.

Aussi, l'histoire de Rome et celle de plusieurs républiques modernes nous montrent-elles que les grandes richesses et le sincère amour de la patrie se trouvent rarement ensemble.

D'une autre part, il faut l'avouer avec franchise, le vrai patriotisme ne réside pas non plus parmi les citoyens pauvres qui, de fait, n'occupent ni place ni emploi dans la république. Dans cette couche sociale, les uns envient la fortune et le bien-être des classes supérieures; les autres poursuivent de vœux pervers leur chute et leur ruine; d'autres pourvoient à leurs besoins par l'industrie, et se contentent de tout état de choses qui leur donne ou semble du moins leur promettre une existence sûre et commode.

Le véritable amour de la patrie, cette reine des vertus républicaines, brille bien plus souvent chez les citoyens de la classe moyenne, chez ceux qui jouissent d'une certaine aisance, mais qui, tenant tout ce qu'ils ont de la communauté, sentent dès lors tout ce qu'ils perdraient de bien-être, de considération et de crédit en la perdant. Il leur importe donc de la soutenir par tous les moyens honnêtes et surtout par leur union et leur dévouement. Il est vrai de dire que la classe moyenne est l'élément naturel et l'appui fondamental des républiques.

Mais si l'esprit public se relâche sous l'action énervante d'une trop longue et trop grande prospérité, les entreprises déçues, les plans renversés les uns après les autres, les revers réitérés produisent encore plus souvent, comme nous l'avons fait entendre, ce funeste effet. Les périls de courte durée semblent nécessaires et toujours utiles pour exercer les forces de la république, ainsi que pour faire mieux sentir le besoin de l'union et pour prévenir l'insouciance et l'égoïsme des citoyens. Les malheurs frappant coup sur coup, les grandes pertes, les profondes humiliations, produisent souvent un effet contraire, surtout quand elles proviennent de la mauvaise direction des affaires. Toutes ces calamités non-seulement provoquent de funestes discordes, parce qu'on s'en rejette la faute les uns sur les autres, mais encore finissent par amener, avec le découragement, l'indifférence pour la chose publique. Les esprits s'abattent, et bientôt la multitude montre autant de faiblesse et de pusillanimité qu'elle avait naguère d'audace et d'orgueil. Si, d'une part, on voit, pendant les temps de crise et dans les jours de mauvaise fortune, briller encore les plus belles vertus, d'autre part on voit aussi se manifester les bassesses cachées qui, colorées par le sophisme, ne trouvent que trop d'apologistes et d'imitateurs.

Le courage, les nobles efforts, la constance, le retour aux anciens principes et aux anciennes vertus, sont ravalés sous le nom d'exagérations, d'entêtement et de fanatisme, et l'on exalte par de pompeux éloges, en les qualifiant de prudence, la couardise et la lâcheté. Les maximes des ennemis sont admises comme moyens de salut; on se précipite soi-même dans le précipice qu'on veut éviter. En même temps, les amis de la paix se retirent successivement des affaires, et chacun cherche à se sauver du naufrage. On veut le repos à quelque prix que ce soit, et les plus sages finissent par perdre courage. Considérant le changement survenu dans les relations extérieures, les progrès de la corruption intérieure, ou l'empire des faux principes et la funeste direction imprimée aux affaires, ils ne voient plus de salut pour la liberté ni même pour la république. Et lorsque le découragement et l'indifférence politique ont gagné de proche en proche tous les esprits; quand les sages eux-mêmes se retirent ou ne sont plus écoutés; alors la république, bien plus encore que la monarchie, chancelle sur le bord de l'abîme, et le moindre choc du dehors ou du dedans suffit pour précipiter sa chute (1).

(1) Ce tableau de la décadence d'un Etat républicain ou monarchique mérite d'être médité profondément. Ecrit il y a plus d'un demi-siècle, il n'a rien perdu de sa valeur; l'auteur semble l'avoir tracé en prévision de ce qui se passe aujourd'hui parmi nous. (Note du rédacteur.)

La troisième cause de décadence et de ruine pour les Etats républicains, c'est le rétrécissement excessif ou la trop grande extension de la corporation régnante ; et, cependant, il est difficile, à la longue, d'éviter l'un ou l'autre de ces deux écueils. Lorsque l'association est trop restreinte, elle s'affaiblit elle-même et ne peut guère maintenir sa liberté ; car une grande partie de sa puissance repose non-seulement sur la possession de ses biens matériels, mais encore sur le nombre, la notabilité et l'union de ses citoyens. Une communauté resserrée dans d'étroites limites excite plus encore la jalouse envie des simples habitants et des sujets, parce qu'ils n'ont pas l'espoir d'obtenir le droit de cité ni les avantages qu'il porte avec lui. En cet état, les racines de la république ne plongent ni profondément ni largement, dans le sol : comment résistera-t-elle aux vents de la tempête ? Elle n'a qu'un petit nombre d'amis : quels secours et quels dévouements peut-elle attendre au moment du péril ? D'une autre part, elle ne trouve pas toujours, dans la poignée de ses citoyens, les connaissances et les talents dont elle a besoin dans les affaires importantes et difficiles, et cependant, nous l'avons déjà montré, la prudence et l'honneur lui défendent également de les appeler du dehors.

Tout le monde comprend aussi combien il est difficile que la paix se maintienne parmi des hommes entichés d'égalité, qui se touchent et se froissent par tous les points sur un étroit espace. Enfin, là où de rares concurrents se disputent le pouvoir, chacun peut aspirer à l'empire exclusif, et la prépondérance d'un seul s'établir et se consolider presque sans obstacles ni contestations.

Maintenant, si l'on se jette dans l'extrême opposé, si l'on élargit l'association sans mesure, si l'on admet dans son enceinte tous les habitants du pays, on lui ôte tout prix et toute valeur. L'esprit public disparaît bientôt devant l'indifférence générale. Le noble sentiment de l'honneur, qui enfante le dévouement, ne s'allume que par les distinctions. Or, quelle distinction y a-t-il d'appartenir à une association dont tout le monde est membre? On le voit d'ailleurs, une extension si injuste et si contraire à la nature a pour effet de supplanter, de subjuguer même les anciens associés, de les blesser dans leurs droits légitimement acquis, de les irriter et de les transformer en ennemis de la république. Les traditions des ancêtres disparaissent pour faire place à mille opinions diverses. Car le très-grand nombre des nouveaux citoyens récemment admis ne peut avoir ni les connaissances, ni les principes, et encore moins les sentiments traditionnels nécessaires à la conservation de la république et pour la bonne administration de ses affaires.

Il est également impossible que la paix et l'union se maintiennent longtemps dans une association trop nombreuse. Les membres ne se connaissent pas, ne peuvent s'accorder une mutuelle confiance ; au contraire, ils conçoivent nécessairement à l'égard les uns des autres des sentiments de défiance et de jalousie. Les intérêts ainsi que les besoins deviennent d'ailleurs trop disproportionnés et trop divergents, pour qu'une véritable union puisse les relier comme en faisceau. Ce qui est à l'avantage des uns fait le désavantage des autres, et nulle loi ne peut rendre égal ce qui est inégal de sa nature.

On ne saurait faire d'une multitude d'hommes agglomérés au hasard, un corps régulier et bien ordonné. Il se formera toujours, dans cette agrégation, des partis et des factions d'où peut résulter la guerre civile ou du moins le rétrécissement arbitraire et violent de la république. Dans cet état, en dépit de l'égalité théorique, une partie des citoyens règne et jouit seule de tous les avantages, tandis que l'autre est opprimée et réduite à la condition de parias.

L'histoire nous apprend, en effet, que beaucoup de républiques ou de communautés urbaines sont tombées en dissolution, par le seul effet de l'admission désordonnée de nouveaux citoyens ; et c'est ce qu'Aristote nous fait remarquer par l'exemple des Achéens, de

Sybaris, des Thuriotes, des Byzantins, de ceux d'Antippe, dans l'île de Lesbos, de Messine, de Syracuse, d'Amphipolis, etc. (1). Dans toutes ces villes, les anciens citoyens furent chassés par les étrangers récemment admis, ou bien ces derniers ont été expulsés par les premiers. Sans cette séparation, la paix ne se fût jamais rétablie.

Mais, le plus grand danger pour les républiques, c'est la puissance prépondérante, qui dégénère aisément en usurpation, de quelques-uns de ses citoyens.

Les républiques reposent sur une sorte d'égalité des forces et des fortunes, excluant la dépendance directe et le service personnel. Cette relation d'égalité, rare par elle-même, ne se maintient jamais à la longue ; on voit toujours naître à la place, par des transformations diverses, le rapport, d'abord limité, puis absolu, du service personnel. La nature, prodigue pour les uns, avare envers les autres, répartit d'une main inégale les facultés et partant, la fortune qui provient de leur emploi légitime. Ainsi, les hommes ont une somme plus ou moins grande de forces innées, et leur fortune peut augmenter ou diminuer ; elle varie sans cesse comme sur une échelle mobile. Il arrive donc que les

(1) Aristote : *Polit.* l. V, chap. 3. Traduction de Garvé. Vol. I, p. 402-404.

uns tombent dans la dépendance et la servitude, par leur faute ou par suite d'accidents malheureux, tandis que les autres augmentent leur puissance et la prépondérance qu'elle donne, sans que rien puisse prévenir ce résultat.

Tant que la puissance individuelle ne s'accroît pas outre mesure, au point de dominer manifestement et continuellement toute l'association, la ruine n'est pas imminente encore. Car la mort, les partages, la rivalité d'autres citoyens égaux en droits et souvent en fortune, la force de l'habitude et les vicissitudes des choses humaines finissent presque toujours par rétablir l'équilibre.

Mais lorsqu'un citoyen, jouissant déjà d'une haute considération, parvient à la possession de vastes domaines ou d'immenses capitaux ; si, par le nombre de ses débiteurs et de ses serviteurs, il s'est assuré soit parmi les citoyens, soit parmi les sujets de la république, une nombreuse clientèle ; s'il joint à cela des qualités aimables, la séduction du langage et des manières, la supériorité intellectuelle et morale ; si d'ailleurs il occupe (ce qui a presque toujours lieu) les premières dignités de l'Etat, présidant ses conseils et commandant ses troupes ; en un mot, s'il réunit en sa main la puissance personnelle et la puissance déléguée : de cette heure, à la moindre secousse du dehors ou du dedans, la république glisse comme sur une pente irrésistible dans l'état de principauté, de monarchie, de souveraineté individuelle. Que l'Etat garde ou non la forme de république, il n'importe : l'homme tout-puissant obtiendra la pluralité des suffrages dans toutes les délibérations, ou bien il fera exécuter sa volonté contre le vœu de la majorité. Les citoyens indépendants s'opposeront vainement à ses coupables entreprises et combattront pour la défense d'une liberté chancelante, désormais impossible ; ces quelques républicains survivant à la république resteront sans appui dans leur isolement. On les accusera d'être des perturbateurs du repos public, des artisans de troubles et de désordres ; peut-être, frappés d'ostracisme, ils seront vaincus à la première attaque, ou forcés à la soumission.

Mais que sera-ce, si la république est menacée par un homme de guerre, que le prestige de grandes victoires entoure d'un nouvel éclat ? Les chefs militaires, choisis d'ailleurs parmi les citoyens déjà distingués par la naissance et par les dignités, ont peine à reprendre les habitudes de l'égalité civique. Toute contradiction leur semble un acte d'indiscipline et d'hostilité ; ils veulent conserver à tout prix le commandement.

Au reste, de nombreux exemples nous prouvent qu'un général illustré par la victoire n'a pas toujours besoin d'employer la violence et l'oppression, pour s'élever à la dictature sur les ruines de la liberté. Le dévouement de ses partisans court au devant de ses désirs ; mille voix le conjurent de s'emparer du pouvoir suprême. Car, de même que le chef s'accoutume, pendant la guerre, à l'exercice du commandement absolu, de même les officiers subalternes et le soldat contractent l'habitude de l'obéissance passive, genre de servitude moins lourd qu'on ne pense et qui, d'ailleurs, s'embellit du nom d'amour de l'ordre, de l'union, de la paix. On voudrait en vain le nier, l'obéissance et la soumission sont choses inévitables dans ce monde ; car on ne dépend pas moins d'une multitude républicaine que d'un prince individuel. Aussi, tous ceux qui n'ont pas un profond respect pour les droits de la communauté, et qui lui préfèrent les honneurs et les richesses, aiment mieux s'attacher à un chef puissant, visible, qui sait apprécier et récompenser les services, que de se dévouer à une corporation politique. Et pourquoi, dira-t-on peut-être ? Parce que cette dernière n'est qu'un être de raison, que nul ne voit, qui n'a pas d'entrailles, et que le plus souvent l'on ne peut servir sans blesser les passions et les intérêts de ses membres visibles (1) !

---

(1) Pauci libertatem, pars magna justos dominos volunt. Sallust. L. IV.

Ainsi, lorsque la prépondérance individuelle a brisé le lien social, que l'égalité n'existe plus que dans les souvenirs ou sur le papier, et que d'autres rapports se sont établis dans la nation, la force des choses empiète de proche en proche sur les lois écrites, et dès lors, plus de salut pour l'État collectif. Comme tout a changé autour d'elle, la république ne tarde point à se transformer en principauté, soit que l'on conserve provisoirement les formes et les locutions républicaines, soit que, par leur suppression, la chose publique devienne de fait et de droit chose privée.

Lisez l'histoire, vous verrez partout cette loi écrite en caractères éclatants : toutes les républiques minées par la discorde, quand elles ne deviennent pas la proie d'un conquérant étranger, tombent, par l'usurpation intérieure, sous les coups d'un citoyen tout-puissant. Aristote déjà lisait ce fait dans les fastes du passé. Denys et Agathocle à Syracuse, Pisistrate à Athènes, Magon, Hannon et Amilcar à Carthage, en fournissent des exemples.

La république romaine fut détruite par ses généraux, Jules-César et Octave. Lorsque quelques-uns de ses citoyens eurent acquis assez de puissance pour inspirer de la terreur au Sénat et pour recruter et solder des armées; lorsque, se maintenant dans le gouvernement de vastes provinces, ils commandaient à des soldats qui ne connaissaient qu'eux, et qui, au milieu des troubles et des discordes civiles, ne savaient plus à quel pouvoir ils devaient obéir, comment le peuple, comment la communauté aurait-elle pu conserver l'empire?

Tel fut aussi le sort de presque toutes les républiques italiennes dans le moyen âge. Là encore, les principaux citoyens, les chefs militaires, les patriciens puissants, les riches marchands s'emparèrent du pouvoir souverain. Cromwell mit fin à la corporation que formait le Parlement d'Angleterre. Bonaparte détruisit la république des révolutionnaires français. La république des Pays-Bas ne put pas non plus prolonger son existence à côté de l'homme puissant qui avait eu tant de part à son émancipation. Chef d'une famille princière, puissant par sa fortune patrimoniale, il était lié par le sang et par des rapports d'amitié avec tous les souverains de l'Europe; de plus, la loi lui avait confié le commandement perpétuel et héréditaire des flottes et des armées, avec le droit de nommer à toutes les places et à tous les grades. Dans cet état de choses, la république devait nécessairement tomber sous la domination du lieutenant général de l'Etat, à moins d'être conquise par l'étranger.

Après tout cela, pour peu que l'on réfléchisse aux germes de mort que les républiques renferment dans leur sein, on comprendra qu'elles ne peuvent prolonger à travers les âges leur existence aussi loin que les monarchies.

A la vérité, elles parcourent de longs lustres, comme simples communautés, à deux époques différentes, avant et après leur indépendance : après, parce qu'elles ne s'éteignent point par la mort naturelle ; avant, parce que, ignorées dans le principe, elles sont protégées par leur obscurité même contre l'ambition et les inimitiés dangereuses. Mais, prises comme communautés libres et souveraines, elles sont limitées dans une étroite durée, et tombent bientôt sous le joug d'un général indigène ou sous la domination d'une puissance étrangère. Voilà ce que nous apprend l'histoire de tous les temps et de tous les pays.

On dit que Carthage a subsisté, depuis Didon, 724 ans ; mais on ne connaît pas avec certitude les premiers temps de son histoire, et nul ne pourrait fixer nettement l'époque de son origine.

Athènes, dont l'existence républicaine s'étend de son législateur Solon jusqu'à Philippe de Macédoine, ou tout au plus jusqu'à Antipater, a fleuri 272 ans.

Sparte formait moins une république qu'une royauté sous le gouvernement de deux rois héréditaires, dont l'autorité était plus ou moins limitée.

Quant aux colonies grecques dans l'Asie-Mineure, on ne peut les mettre au nombre des Etats indépendants; car elles durent, presque toujours, l'obéissance, ou du moins le tribut aux rois de Lydie, de Perse ou de Macédoine.

La république romaine a compté 465 ans, à dater de l'expulsion des rois jusqu'à Jules-César; mais, longtemps avant sa chute, elle était gouvernée par des dictateurs, ou déchirée par les guerres civiles.

Dans le moyen âge, la liberté de la plupart des villes ou municipalités de l'Italie fut éphémère.

Gênes, qui avait acquis l'indépendance en 1528, la perdit en 1797.

Mais voilà Venise, qui a régné comme Etat collectif 1,343 ans; longue période, je le veux bien; mais phénomène unique, qui n'a pas son second dans l'histoire, et dont l'explication ne se trouve que dans l'heureuse situation de la ville dominante.

Quant aux villes et pays (*Laender*) de l'Helvétie, on ne peut en faire remonter l'indépendance au-delà du moment où ces communautés purent maintenir leur confédération contre les empereurs d'Allemagne; et de 1356 ou 1371 jusqu'à 1798, nous avons 442 ou 427 ans. On sait d'ailleurs que l'indépendance de la Suisse n'a pas été reconnue formellement et diplomatiquement avant le traité de Westphalie, conclu en 1648.

La république des Pays-Bas, constituée par l'acte d'Utrecht, périt en 1795 : période de 207 ans.

Faut-il encore parler des belles républiques échafaudées de nos jours par la révolution? La plupart ont trouvé dans leur berceau, si l'on peut dire ainsi, la fosse où elles devaient tomber et disparaître. Et les autres, qui subsistent encore en petit nombre, jusqu'où traîneront-elles leur existence? L'avenir nous l'apprendra. Contentons-nous de dire que, fondées sur des principes contradictoires, elles s'affaisseront sur elles-mêmes de leur propre poids.

Pour tout résumer en quelques mots, deux principes de dissolution sont propres aux républiques et les précipitent vers la mort.

Le premier, c'est qu'elles ne sont pas le produit de la nature, mais des sociétés factices, dont la constitution est ici défectueuse dès l'origine, là viciée dans la suite des temps, ailleurs foulée aux pieds dans la pratique.

La seconde cause de ruine pour les républiques consiste en ce que chaque citoyen trouve, en face de l'intérêt commun, son intérêt particulier : funeste antagonisme, qui n'existe pas dans le prince individuel.

Qu'arrive-t-il donc dans la république? Il arrive que la puissance et la liberté de chaque citoyen est en conflit perpétuel avec la puissance et l'indépendance de la communauté.

Le repos trop prolongé détruit dans les âmes le besoin de l'union. Les passions dès lors se jettent dans les agitations de la vie républicaine. L'ambition, la rivalité, l'opposition des vues et des intérêts multiplient les factions désorganisatrices. En même temps l'amour du travail et le patriotisme disparaissent sans retour, et l'on voit naître l'avidité des plaisirs, la mollesse, l'égoïsme, l'indifférence politique et le faste insolent de l'orgueil, ce funeste avant-coureur de la chute!

Dans les républiques comme dans les monarchies, l'époque de la plus haute fortune est et sera toujours le commencement de la décadence.

Paris. — E. DE SOYE et FILS, imprimeurs, place du Panthéon, 5.

www.ingramcontent.com/pod-product-compliance
Lightning Source LLC
Chambersburg PA
CBHW070815270326
41927CB00010B/2429

* 9 7 8 2 0 1 1 7 7 9 4 8 9 *